# INHALT

# VORWORT

*„Wie soll das Kind morgen leben können, wenn wir ihm heute kein bewusstes, verantwortungsvolles Leben ermöglichen?"*

Janusz Korczak, 1878–1942, Arzt und Pädagoge

Kennen Sie das? Ihr Kind sollte eigentlich beim Tischdecken helfen, stattdessen provoziert es einen Streit mit Ihnen. Eben noch waren die Kinder nett am Spielen, und schon im nächsten Augenblick beißt die jüngere Tochter der älteren Schwester heftig in den Arm. Sie stehen mitten im Einkaufszentrum, und Ihr Kind liegt schreiend auf dem Boden, nur weil Sie gesagt haben, dass es jetzt noch kein Brötchen gibt. Der Junior will unbedingt die neuesten Nike-Schuhe, und weil Sie Nein sagen, läuft er motzend davon und knallt die Tür zu. Ihre Tochter kommt ohne Begrüßung von der Schule nach Hause, schmeißt Jacke und Schultasche in die nächste Ecke und flucht über den Lehrer, die anderen Kinder und die ganze Welt. Kennen Sie das?

Wir können Sie beruhigen: Sie sind nicht allein! Das gehört zum Elternsein und Familienleben dazu!

Wenn Kinder Wutausbrüche haben, kommen Eltern an ihre Grenzen. Denn Wutausbrüche werden rasch als elterliches Versagen oder Fehlverhalten des Kindes gedeutet. Dass Wut aber ein normales Gefühl ist und ein adäquater Umgang mit dem Gefühl gelernt werden muss, ist vielen nicht bewusst. Wutanfälle sind ein Tabuthema, über das niemand gerne spricht. Darüber zu reden und vielleicht sogar zuzugeben, dass Kinder Tobsuchtsanfälle haben oder Eltern überfordert sind, ist im idealisierten Bild der Elternrolle nicht vorgesehen. Dadurch verstärkt sich bei Eltern aber das Gefühl, dass solche Aussetzer nur beim eigenen Kind vorkommen. Viele trauen sich nicht, offen über ihre Sorgen und ihren Stress zu sprechen. Und so können kindlichen Wutausbrüche sogar zu Schuld- und Versagensgefühlen führen: Manche Eltern befürchten, dass diese Ausbrüche Anzeichen von Erziehungsversagen sind.

Es ist ein Tabuthema, öffentlich darüber zu reden, dass Kinder anstrengend sein können und sie zu erziehen selten entspannt ist. Die Realität sieht aber so aus: Kinder zu erziehen ist eine große Herausforderung, selbst dann, wenn die Kinder gesund sind. Die Idealisierung und Romantisierung des Familienlebens steigert den Druck zusätzlich, was letztlich zu noch mehr Stress und im schlimmsten Fall gar zu Erkrankungen führen kann.

Wie gehen Eltern mit den heftigen Gefühlen des Kindes um? Die elterlichen Reaktionen gehen von Hilflosigkeit bis zur autoritären Untergrabung solcher Gefühlsregungen. Dass sowohl das hilflose Nachgeben wie auch das aggressive Unterbinden dieser Gefühle nicht förderlich sein kann, scheint vielen klar, doch wie setzt man sich angemessen durch? Wie viel Wut ist noch normal?

Die Grundlage von allem sind gute Beziehungen. Eine wertschätzende Beziehung zwischen den Eltern als Partner ist ebenso wichtig wie eine liebe- und freudvolle Beziehung zwischen Eltern und ihren Kindern.

# Gute Beziehungen sind die Grundlage von allem

Es geht in diesem Buch in erster Linie darum, wie Sie mehr gegenseitiges Verständnis füreinander entwickeln und die anspruchsvolle Aufgabe als Eltern mit mehr Leichtigkeit und Freude erfüllen können.

Dieses Buch hat zum Ziel, Sie als Eltern zu stärken und die Verbindung zu Ihren Kindern zu fördern. Kraftvolle und liebevolle Beziehungen sind geprägt von gegenseitigem Interesse, klaren Strukturen und Regeln. Das bedeutet, dass es auf ernst zu nehmende Aktionen wie einen Wutanfall ernst zu nehmende *R*eaktionen braucht. Eltern sollen wissen, dass klare Reaktionen für die kindliche Entwicklung und eine gute Eltern-Kind-Beziehung sehr wichtig sind. Kinder brauchen Steuerung von außen. Erst nach und nach lernen Sie, welche Auswirkungen ihr Verhalten hat. Und wenn wir uns bemühen, unser Kind in diesem Lernprozess zu verstehen und ihm dabei mit Mitgefühl, Verständnis und Interesse zu begegnen, dann schränkt dies nicht unsere elterliche Autorität ein, sondern stärkt unsere Rolle und Präsenz.

Dieses Buch vermittelt Ihnen einen Einblick, warum Kinder mit Wut reagieren, was „hinter der Wut" stecken könnte, wie andere Eltern die Wut ihrer Kinder erleben und damit umgehen. Sie erhalten hilfreiche Reflexionsansätze und ganz konkrete Tipps, die Sie befähigen, mit der kindlichen Wut und Ihrer eigenen Reaktion darauf umzugehen.

In dieses Buch floss sowohl unser Fachwissen als Kinder- und Jugendpsychologin und Familienberater sowie unsere ganz persönliche Erfahrung als Eltern von drei Kindern ein. In unserer Arbeit suchen wir gemeinsam mit Kindern und deren Eltern nach Lösungen in schwierigen Lebenssituationen.

Um noch mehr über das Erleben von Eltern im Umgang mit der Wut ihrer Kinder zu erfahren, haben wir in der Vorbereitung dieses Ratgebers eine anonyme Online-Umfrage erstellt: Über einhundert Eltern haben uns offen von ihren Erfahrungen berichtet. Das Kapitel „*Wie Eltern die Wut ihrer Kinder erleben*" bietet einen Einblick in die Erfahrungswelt anderer Mütter und Väter. Wenn man das Phänomen Wut besser verstehen möchte, dann lohnt es sich, das Kapitel „*Was ist Wut und wie entsteht sie?*" zu lesen. Weiteres Grundlagenwissen findet man im Kapitel „*Warum es zu Wutanfällen kommt*". Diese ersten Kapitel helfen, die Wut besser zu verstehen. Wer gleich etwas „Handfestes" will, kann direkt das Kapitel „*Wut als Lösungsversuch*" lesen. In den darauffolgenden Kapiteln geht es schließlich darum, konkrete und praktische Unterstützung im Umgang mit der Wut zu bekommen. Im Kapitel „*Konflikte angemessen lösen*" stehen Ansatzpunkte auf der Elternebene im Zentrum, dann folgt im Kapitel „*Was dem Kind helfen kann, mit seiner Wut umzugehen*" der Fokus auf das Kind.

# WAS IST WUT UND WIE ENTSTEHT SIE?

*Was meinen wir eigentlich damit, wenn wir sagen: „Ich bin wütend" oder „Mein Kind hat einen Wutausbruch"? Was kann denn einen Wutausbruch auslösen? Und: Was ist eigentlich Wut? Versuchen wir doch einmal, dieses komplexe Phänomen zu durchblicken.*

## Wut – ein Gefühl und ein Verhalten

**WENN DIE WUT AUSBRICHT**

Der fünfjährige Daniel spielt geräuschvoll auf dem Teppich mit seinen Autos. Er hat eine Spielautostraße aufgebaut und ist ganz ins Spiel versunken. Dem älteren Bruder Simon (7) ist langweilig. Simon geht in Daniels Zimmer und tritt auf die sorgfältig angeordneten Autos. Daniel, eben noch zufrieden in seiner Welt versunken, ist sehr enttäuscht, dass seine schöne Straße kaputt gemacht wurde, und fühlt sich von seinem älteren Bruder provoziert. Er schreit auf, packt voller Wut das nächstbeste Spielzeugauto und wirft es mit in Richtung seines Bruders. Aus Versehen trifft er seine jüngere Schwester, die gerade ins Zimmer kommt ...

Dieses Beispiel zeigt, dass wir zwischen dem Gefühl Wut und der gezeigten Reaktion bzw. dem sichtbaren Verhalten unterscheiden müssen. Es ist klar: mit Autos herumschmeißen geht nicht. Dennoch ist Daniels Wut nachvollziehbar. Er fühlt sich durch seinen Bruder gestört. In seiner Wahrnehmung hat Simon die Autostraße absichtlich zerstört, und das empfindet er als unfair und gemein.

> **Wir können entscheiden, was wir tun und was wir lassen.**
> **Wir können aber nicht entscheiden, was wir fühlen.**

Wut steht oft mit anderen Gefühlen wie Stress, Schmerz, Furcht oder Frustration in Zusammenhang oder wird durch diese ausgelöst. Nach außen gerichtete Gefühle werden in der Fachsprache als Emotionen bezeichnet. Die Emotion Wut entsteht insbesondere dann, wenn man eine Beeinträchtigung erlebt und jemand anderem dafür die Schuld zuweisen kann. Die Bewertung der Situation geschieht rein subjektiv. Daniel bewertet die Störung und die Zerstörung seiner Autostraße durch seinen Bruder als absichtlich. Simon ist also verantwortlich für sein Verhalten. Hätte Simon die Autostraße aus Versehen durcheinandergebracht, wäre Daniel kaum so wütend geworden.

## Gefühle sind nie falsch und daher immer erlaubt

Wut ist oft berechtigt, da sie auf einen Missstand, ein unfaires Verhalten, eine Kränkung oder eine Ungerechtigkeit hinweist. Es gibt große individuelle Unterschiede, wie Situationen erklärt und bewertet werden. Sehr oft erlebe ich beispielsweise bei Kindern, die Mühe haben, ihre Wut zu kontrollieren, einen ausgeprägten Gerechtigkeitssinn. Wut tritt also bei einigen Menschen viel schneller auf als bei anderen. Wer hinter negativen Ereignissen böse Absichten erwartet, lässt sich viel schneller in Rage bringen als jemand, der eher von unglücklichen Umständen oder einem Versehen ausgeht.

Obwohl Gefühle an sich nie falsch sein können und ihre Daseinsberechtigung haben, ist ein Wutanfall, bei dem andere zu Schaden kommen, natürlich nie gerechtfertigt. Zwischen dem empfundenen Gefühl und dem daraus resultierenden Verhalten muss deutlich unterschieden werden.

Im Beispiel von Daniel hat das Gefühl so stark Besitz von ihm ergriffen, dass er sein Handeln nicht mehr unter Kontrolle hatte. Daniel muss also noch lernen, mit seiner Wut umzugehen. Das ist aber gar nicht so einfach, denn Wut ist ein intensives, heftiges Gefühl, das nur schwer unter Kontrolle zu halten ist.

Wut ist heftiger und intensiver als Ärger und schwerer zu beherrschen als Zorn. Wer leicht in Wut gerät, ist weniger gut in der Lage, sich selbst zu kontrollieren. Ein Wutanfall wird auch als Überreaktion bezeichnet und gilt deshalb in den meisten Kulturkreisen als charakterliche Schwäche.

> **Unter einem Wutanfall versteht man einen meist kurzzeitigen Verlust der Kontrolle über das Gefühl der Wut. Ein Wutanfall ist in erster Linie ein emotionaler Ausbruch. Manchmal ist dieser jedoch so heftig, dass eine andere Person zu Schaden kommt.**

Richten sich Wutanfälle gegen Personen, Tiere, Sachen oder gegen sich selber, werden sie oft als Aggression wahrgenommen. Wobei man vor allem dann von Aggression spricht, wenn körperliche Verletzungen oder psychische Kränkungen dazukommen.

# Wut besser verstehen

Um Wut besser zu verstehen, ist es hilfreich, die Zusammenhänge bzw. Wechselwirkungen von Denken, Fühlen und dem Verhalten zu erkennen und mögliche Auslöser, Ursachen, den Ablauf, die Steuerbarkeit und die Veränderbarkeit des Ausbruchs zu verstehen.

## Denken, fühlen und verhalten

Kognitive Prozesse wie das Denken, die Wahrnehmung oder Problemlösefertigkeiten beeinflussen uns und interagieren mit den Gefühlen und dem Verhalten. Dabei haben unsere Gedanken einen starken Einfluss auf unsere Empfindungen, Körperreaktionen und Gefühle.

Stellen Sie sich einmal vor, Sie würden so richtig kräftig in eine Zitrone beißen. Was passiert jetzt? Möglicherweise zieht sich Ihre Backenmuskulatur zusammen oder Sie verziehen das Gesicht. Schon der Gedanke an etwas löst eine Reaktion des Körpers und damit verbunden ein Gefühl aus. Wir können an besonders schöne Momente denken und uns sehr wohl und entspannt fühlen. Umgekehrt löst der Gedanke an einen schlimmen Moment sofort körperliche Stressreaktionen wie Herzklopfen, Verkrampfung und möglicherweise Angst aus.

Umgekehrt haben Körperreaktionen und Gefühle einen Einfluss auf unsere Gedanken und unsere Fähigkeiten wie die Problemlösefähigkeit, die Konzentration oder unser Gedächtnis. Ist der Körper stark angespannt und gestresst, können wir kaum mehr denken, unsere Gedächtnisleistung ist vermindert und die Konzentration fällt ab.

## ENTTÄUSCHUNG LÖST ÄRGER AUS

Max (6) baut mit seiner kleinen Schwester Susi (4) eine Legolandschaft auf. Plötzlich fällt Susi unglücklicherweise auf das Legogebäude, das Max sorgfältig über längere Zeit aufgebaut hat. Max, der von seiner jüngeren Schwester schon öfter erlebt hat, dass sie seine Kunstwerke kaputt macht, ist sicher, dass Susi sein Legohaus absichtlich zerstört hat. Dieser Gedanke verstärkt seine Enttäuschung und entlädt sich in einem heftigen Wutanfall.

Debi (9) hat in der letzten Zeit, obwohl sie viel gelernt hat, häufiger schlechte Noten kassiert. Als sie mit ihrer Mutter an den Hausaufgaben sitzt, fällt es ihr wieder schwer, die Matheaufgabe zu verstehen. Die Mutter bemerkt bei Debi eine gewisse Ungeduld und Enttäuschung und sagt: „Du musst nur richtig hinschauen. Ich denke, du siehst gar nicht richtig hin und gibst zu schnell auf." Dies ist zu viel für Debi. Sie hört nur Kritik und denkt: „Alle halten mich für dumm." Dieser Gedanke verstärkt ihre Versagensängste. Wütend schreit sie ihre Mutter an: „Sag doch gleich, dass ich doof bin."

Es ist ganz entscheidend, wie wir Situationen, das Verhalten anderer Menschen und uns selber wahrnehmen und bewerten. Würde Max die Situation als Missgeschick oder Unfall einordnen, könnte er anders reagieren. Und würde Debi wahrnehmen, dass ihre Mutter ihr eigentlich helfen möchte, hätte sie nicht nur anders reagiert, sondern sich bestimmt auch anders gefühlt.

Es gibt also immer eine Wechselwirkung zwischen unseren Gedanken, den Körperreaktionen, den Gefühlen und unserem Verhalten.

In stressigen Situationen reagiert der Körper schneller als unser Denkapparat. Bevor wir eine Situation richtig wahrgenommen und bewertet haben, haben wir bereits reagiert. Die geschieht beispielsweise bei einer möglichen akuten Bedrohung: Ein Knall, wir springen auf die Seite, machen uns klein, und erst kurze Zeit später erkennen wir, dass es nur ein Luftballon war, der geplatzt ist. Diese Fähigkeit, schneller zu reagieren als zu denken, zeigt sich typischerweise in einem Flucht- oder Kampfverhalten und sichert unser Überleben. Manchmal ist aber dieser automatische Schutzmechanismus, der nicht unserer Steuerungsfähigkeit unterliegt, sondern viel schneller abläuft, nicht nur von Vorteil, sondern auch hinderlich oder gar gefährlich. Wenn wir reagieren, ohne nachzudenken, kann es gefährlich werden!

Erinnern Sie sich noch an das Beispiel vom fünfjährigen Daniel, der vor Wut über die Störung durch seinen Bruder eines seiner Spielzeugautos durch das Zimmer schmeißt und dabei seine Schwester trifft? Was geht in diesem Moment in Daniel vor?

### „DU STÖRST MICH!"

Daniel ist zunächst ganz mit seinen Gedanken ins Spiel versunken, er nimmt seine Außenwelt kaum wahr. Zufrieden spielt er mit den Autos.

Simons Störung holt ihn sofort aus seinem Spiel heraus. Weil er seinen Bruder kennt und schon öfter erlebt hat, dass dieser ihn gerne absichtlich stört, interpretiert er dessen Verhalten als Provokation, was bei ihm ein heftiges Gefühl – Wut – auslöst. Würde sein Schreien seine Gedanken ausdrücken, dann würden wir wohl hören: „Du störst mich! Du ärgerst mich! Du provozierst mich! Lass mich in Ruhe!"

In diesem Moment könnten wir einen erhöhten Puls, eine Verspannung im Körper und weitere heftige Körperreaktionen messen.

Daniels Gedanken, die Interpretation der Situation und seine Gefühlsreaktion resultieren in einem impulsiven Verhalten: Er schmeißt das Auto.

Das Denken, das Fühlen und das Verhalten gehören also ganz eng zusammen: Daniels **Gedanken** überschlagen sich: „Das hat er absichtlich gemacht, der stört mich!" Die entsprechende **Körper-reaktion** lässt nicht auf sich warten: Das Herz klopft schneller, die Muskulatur spannt sich an, der Bauch verkrampft. Ein **Gefühl** der Enttäuschung, der Trauer oder der Wut stellt sich ein. Daniels **Ver-halten**: Er schmeißt sein Spielzeugauto durch das Zimmer und trifft dabei unglücklicherweise sein unbeteiligte Schwester.

Daniel hat – ohne nachzudenken, welches Verhalten in dieser Situa-tion angebracht wäre oder welche Folgen sein Verhalten haben könnte – unmittelbar reagiert. Diese impulsive Reaktion ist eine Folge seiner Wut. Er wollte seine Schwester keinesfalls verletzen. Wahrscheinlich wollte er nicht mal seinen älteren Bruder verletzen.

> Unser Denken, unser Fühlen und unser Verhalten beeinflussen sich gegenseitig und werden stark von dem geprägt, was wir bis-her erfahren und erlebt haben.

Dieses Wissen hilft uns, ein Muster zu unterbrechen oder zu verän-dern:
1. beim Denken, Wahrnehmen, Verarbeiten und Bewerten (War das Absicht? Ist es wirklich gefährlich?)
2. bei den Körperreaktionen (anstatt Stress zu empfinden, Entspan-nung lernen)
3. beim Verhalten (Welches Verhalten ist hier angebracht?)

Wir Menschen müssen im Verlauf unseres Lebens lernen, unsere Ge-danken, unseren Körper und unser Verhalten zu steuern. Die Steue-rungsfähigkeit ist ein Lernprozess! Nicht alles ist lern- und steuerbar, aber vieles.

## Auslöser

Um eingreifen zu können, lohnt es sich, darüber nachzudenken, was mögliche Auslöser für Wut beziehungsweise Wutanfälle sein könnten.

Das sind die Tropfen, die das Fass zum Überlaufen bringen: ein einzelnes Wort, ein Blick oder irgendwas Beliebiges. Eltern berichten, dass sie teilweise nicht verstehen können, warum diese „Kleinigkeiten" beim Kind eine solche Wut auslösen.

### NUR EINE KLEINIGKEIT?

Als die Mutter ihre 15-jährige Tochter Lenia darum bittet, ihr kurz zu helfen, schreit diese laut „Immer ich!", rennt in ihr Zimmer und knallt die Tür zu. Einige Minuten später kommt Lenia ganz verheult wieder heraus und erzählt, dass ihr im Moment alles zu viel sei. Eigentlich wollte sie mit einer Freundin in die Stadt, müsse aber noch so viel für die Schule erledigen ...

Wut wird zumeist durch andere Gefühle und unerfüllte Bedürfnisse ausgelöst: Angst, Hilflosigkeit oder Schmerz. Die Auslöser sind in der Regel nicht steuer- oder beeinflussbar. Die Entwicklung der jeweiligen Situation hängt davon ab, wie der Betroffene das Erlebte bewertet. Und diese Bewertung ist für Außenstehende oft nicht nachvollziehbar. Es kann sein, dass immer die in etwa gleichen Auslöser wirken.

Manche Eltern kennen die Auslöser für Wutanfälle ihrer Kinder recht gut, das zeigt auch das Kapitel „Wie Eltern die Wut ihrer Kinder erleben". Bei kleineren Kindern kann etwa eine unmittelbare Unterbrechung oder Störung in ihrem Tun oder das Verlieren in einem Spiel ein Auslöser sein. Wenn immer in etwa gleiche Auslöser vorhanden sind, kann man lernen, diese Auslöser zu vermeiden oder zu ignorieren.

Das sogenannte Vermeidungsverhalten ist ein Schutzmechanismus. Es ist nicht nur legitim, sondern sogar wichtig, dass wir Dingen aus dem Weg gehen, die uns reizen oder stressen. Das ist ein Lernprozess, den Erwachsene zumeist unbewusst hinter sich haben. Ich persönlich vermeide Massenansammlungen wie Konzerte, da ich weiß, dass sie mich emotional stressen. Es ist sehr individuell, welche äußeren Faktoren uns belasten. Je besser ich mich als erwachsene Person kenne und meine individuelle Art respektiere, umso besser kann ich Stressauslöser vermeiden.

Kinder müssen erst lernen, auf sich zu achten und einzuschätzen, welche Situationen sie lieber vermeiden. Bei kleinen Kindern müssen wir Eltern einschätzen lernen, welche Situationen unserem Kind Stress verursachen. Ich beobachte immer wieder, dass Kinder mit Wutanfällen reagieren, weil sie überreizt oder überfordert sind. Hier müssen Eltern frühzeitig erkennen, wann es dem Kind zu viel wird, und es vor Reizüberflutungen, Übermüdung oder etwa Hunger schützen.

Nun ist es aber durchaus möglich, dass Ihr Kind sich von Dingen provoziert oder gestresst fühlt, die sich nicht vermeiden lassen oder die sogar wichtig sind: Man verliert nun einmal ein Spiel oder bekommt etwas nicht sofort.

Wenn wir versuchen zu verstehen, was hinter den Wutanfällen steckt, dann kann man davon ausgehen, dass es um menschliche Grundbedürfnisse geht. Die Angst, dass diese zu kurz kommen, aber auch reale Mängel können in konkreten Situationen die Ursache für Wutanfälle sein.

Sehr oft ist ein Kind aufgrund seines Alters, seiner Entwicklung, seiner Persönlichkeit oder seiner bisherigen Erfahrungen noch nicht so weit, dass es mit angebrachten Verhaltensweisen auf emotionalen Stress wie Frustration, Langeweile, Kränkung oder etwa Enttäuschung umgehen kann. In diesem Fall sind wir beim Thema *Ursachen* der Wut.

## Ursachen

Im Alltag ist es gar nicht so einfach, zwischen Auslösern und Ursachen zu unterscheiden. In der Befragung der Eltern haben wir festgestellt, dass die meisten Eltern Auslöser und Ursachen gleichsetzen. Wenn wir von den Ursachen sprechen, dann ist damit gemeint, was zur *Entstehung* der Wut beiträgt. Auch wenn wir wissen, was mögliche Auslöser sind, erklärt das noch nicht, *warum* das Kind in dieser Situation gerade mit Wut und nicht anders reagiert. Warum fällt es manchen Kindern schwer, mit Provokationen umzugehen, und anderen gar nicht? Warum kann das Kind in der einen Situation gelassen bleiben, trotz vieler Reize oder gar Hunger, und ein anderes Mal hat es einen Wutausbruch?

Die Entstehung von Wut wird in der Psychologie ähnlich wie die Entstehung von Aggressionen erklärt, darum möchte ich kurz auf vier wesentliche Aggressionstheorien eingehen, die mögliche Erklärungsansätze liefern:

### 1. Die Aggression ist angeboren.

Aggression ist sowohl bei den Tieren wie auch beim Menschen angeboren und hat eine wichtige, überlebenssichernde Funktion. Dabei geht es darum, sich verteidigen und wehren zu können. Alle Menschen verfügen über eine angeborene körperlich-emotionale Alarmreaktion, die uns beispielsweise bei Gefahren hilft zu entkommen (Flucht) oder diese zu beseitigen (Angriff). Tatsächlich kann man bereits bei Kindern in den ersten Lebensmonaten erkennen, dass sie auf negative Erlebnisse mit Ärger reagieren. Ebenso angeboren ist die Fähigkeit, sich zu wehren (schreien, treten, stoßen usw.). Wie hoch die Aggressionsbereitschaft tatsächlich ist, das ergibt sich aus einem langen Lern- und Entwicklungsprozess. Dieser ist vergleichbar mit dem Fahrradfahren: Die Fähigkeit dazu ist angeboren, ob man es dann tatsächlich lernt und wie gut man es am Ende beherrscht, ist das Ergebnis eines Lernprozesses.

### 2. Die Aggression ergibt sich aus der Frustration.

Die sogenannte Frustrations-Aggressions-Theorie geht davon aus, dass aggressives Verhalten eine Reaktion auf frustrierende Erfahrungen ist. Das kennen wir selbst bestens aus dem Alltag: Ich habe mir große Mühe gegeben, einen wundervollen Kuchen zu backen, doch am Ende bleibt er in der Backform kleben. Wütend knalle ich die Backform auf den Tisch – mit dem Ergebnis, dass Backform und Kuchen zerstört sind ... Tatsächlich kennen wir die Erfahrung, dass Frustrationen und auch Provokationen (z. B. verbale Angriffe wie Beleidigungen oder ungerechte Kritik) besonders leicht aggressives Verhalten auslösen. In diesen Momenten steigt Wut in uns auf. Entscheidend ist jedoch, welches Verhalten wir letztendlich zeigen.

### 3. Aggression ist die Folge eines Lernprozesses.

Die dritte wichtige Theorie geht davon aus, dass Aggression ein erlerntes Verhalten ist. Aggression und Wutanfälle sind demnach Verhaltensmuster, die durch bestimmte Erfahrungen und Lernprozesse antrainiert werden. Wenn ein Kind mit 12 Jahren einen Wutanfall hat, weil es das PC-Spiel nicht bekommt, das es unbedingt haben will, kann man eine mögliche Ursache in einem falschen oder noch nicht vollzogenen Lernprozess sehen.

### 4. Aktuelle Theorien

Heute geht man davon aus, dass alle bereits beschriebenen Faktoren, also die angeborenen Neigungen, die Lernprozesse und mögliche Frustrationen eine Rolle spielen und sich diese gegenseitig beeinflussen. Dabei bilden die Persönlichkeit und das Temperament eine gewisse Grundlage. Ob und in welchem Umfang es zu Wutausbrüchen kommt, hängt jedoch von konkreten Situationen und von sozialen Einflüssen wie der Familie oder der Gesellschaft ab. Und auch kognitive Prozesse wie die Wahrnehmung oder das Denken sind entscheidende Kriterien.

#### WUT IST ANGEBOREN

Wir können davon ausgehen, dass die Fähigkeit, Wut zu empfinden, angeboren ist: Evolutionär gesehen ist Wut durchaus sinnvoll, da sie eine Selbstschutzfunktion für den Menschen hat. Wie sich Wut äußert, ist schlussendlich ein Lernprozess, der einerseits beeinflusst wird durch die Person selbst (Entwicklungsstand, kognitive Fähigkeiten, Temperament, Intelligenz usw.) und andererseits durch die soziale Umwelt (Familie, Gesellschaft).

# Wie ein Wutanfall abläuft

Ein Wutanfall durchläuft verschiedene Phasen. Kennt man einen Menschen gut, weiß man in der Regel, ob der Wutanfall sich steigern wird oder rasch vorübergeht. In dem betroffenen Menschen läuft ein Wutanfall meistens nach einem ähnlichen Muster ab. Wutanfälle unterscheiden sich in der Intensität, der Dauer, der Impulsivität, der Vorhersehbarkeit.

Charakteristische Phasen eines Wutanfalls sind:
- Phase vor dem Wutanfall mit typischen „Frühwarnzeichen"
- Kontrollverlust mit oft heftigen Emotionen
- abklingende Phase
- Rückkehr der Selbststeuerung
- Beruhigung
- Phase der Trost- und Versöhnungsbedürftigkeit

Manche der Prozesse sind dabei sichtbar nachvollziehbar, andere können nicht oder nur schwer von außen wahrgenommen werden.

Ein Wutanfall ist selten von 0 auf 100 voll ausgeprägt. Zumeist sind gewisse „Frühwarnzeichen" vorhanden, die auf einen möglichen Anfall hinweisen. Es ist wichtig, diese Vorzeichen zu kennen und richtig deuten zu lernen, um rechtzeitig gegensteuern zu können und einen Anfall zu vermeiden oder abzuschwächen. Das erfordert einige Übung und Selbstreflexion. Kinder sind hier auf die Hilfe der Erwachsenen angewiesen. Wichtig sind dabei der Grad der eigenen Kontrolle und die Steuerbarkeit. Ist ein Kontrollverlust möglich, dann ist die Eskalationsgefahr viel ausgeprägter.

## Steuerbarkeit und Veränderbarkeit von Wutanfällen

Wutanfälle lassen sich verändern oder steuern. Das kann man lernen. Wichtig ist, die Gefühle nicht zu unterdrücken, sondern ernst zu nehmen und zu versuchen, sie in eine „angemessene Verhaltensform" zu bringen.

Das Verhalten zu steuern kann das Kind selbst erlernen. Eltern oder Fachleute können das Kind dabei unterstützen, sich selber besser zu steuern und zu kontrollieren.

**EINE WICHTIGE REGEL**  ❗

Jeder Mensch, ob groß oder klein, sollte wissen: Ich kann lernen, meine Wut zu kontrollieren. Ich kann lernen, Chef über meine Gefühle und vor allem mein Verhalten zu werden.

Im Moment eines Wutanfalls können Bezugspersonen das Kind unterstützen, indem sie es beispielsweise ablenken oder beruhigen.

**„SCHAU MAL, WAS IST DENN DAS?"**

„Ich habe festgestellt, dass ich meinem Kind sehr gut helfen kann, aus dem Trotzanfall herauszukommen, indem ich seine Aufmerksamkeit auf irgendetwas lenke, das es im Moment gerade interessieren könnte. Ich sage dann zum Beispiel: „Schau mal dieser süße Hund da, ist der nicht niedlich ... ".

In diesen Momenten die Aufmerksamkeit auf etwas anderes zu lenken kann tatsächlich hilfreich sein. Dadurch können andere Seiten und Reaktionsweisen aktiviert und aufgebaut werden. Durch die Aktivierung anderer Seiten von mir und durch erlernte Aufmerksamkeitsfokussierung (zum Beispiel Ablenkung oder Konzentration auf etwas Schönes) habe ich eine andere Form gefunden, mit emotionalem Stress umzugehen.

**TIPP: EINEN TYPISCHEN WUTANFALL BESCHREIBEN**

Es kann sehr hilfreich sein, einen typischen Wutanfall des Kindes einmal zu beschreiben, da so erkennbar wird, wo man eingreifen und etwas verändern kann. Beobachten Sie dabei die Reaktionen des Kindes und schreiben Sie diese am besten auf.

Hilfreich können dabei folgende Fragen sein:
- Was geschah vor dem Wutanfall?
- Wie erlebte ich das Kind während des Wutausbruchs? Wann war der Ausbruch am heftigsten? Was geschah dann? Wann klang die Wut wieder ab?
- In welchen Momenten gelingt es möglicherweise am besten, einen Wutanfall zu unterbrechen oder gar zu beenden? Warum gerade dann?
- Wie kann ich dem Kind helfen, sich auf etwas anderes zu konzentrieren?

## Eine komplexe Geschichte

Manchmal löst ein einzelner Faktor beim Kind einen Wutanfall aus. Zumeist ist es jedoch eine komplexe Dynamik von Faktoren, die sich gegenseitig beeinflussen, und der letzte Tropfen fällt in ein Fass voller Enttäuschung, Frustration, Erschöpfung, Überforderung oder was auch immer.

Wut ist eine komplexe Angelegenheit mit diversen Faktoren, die sich gegenseitig beeinflussen und miteinander interagieren:
- die gesamte Persönlichkeit bzw. individuelle Eigenarten (Temperament, Alter, Intelligenz ...)
- das aktuelle Befinden einer Person (ausgeschlafen, gestresst, gelangweilt, ängstlich ...)

- die jeweilige Situation (mögliche Auslöser wie Provokationen, Frustration ...)
- die Lebensgeschichte (Norm- und Wertvorstellungen, Lernprozesse, Reaktionen der Bezugspersonen ...)
- die subjektive Bedeutung der Wut (Sinn, mögliche Ziele ...)

Manche dieser Faktoren lassen sich nur schwer beeinflussen, andere lassen sich ganz einfach umgehen oder verändern.

Wir müssen versuchen zu verstehen, um was es gehen könnte. Jede Art von Veränderung kann etwas bewirken. Und wenn die Veränderung auch nur eine andere Sichtweise auf das Verhalten des Kindes ist. Es spielt eine entscheidende Rolle, ob Eltern einen kindlichen Wutanfall als absichtlich und gegen sich gerichtet bewerten oder als altersentsprechenden Ausdruck einer Frustration.

# WIE ELTERN DIE WUT IHRER KINDER ERLEBEN

*Viele Eltern erwähnen, dass sie nicht erwartet hätten, wie schwierig das Zusammenleben als Familie wird. Je nach Alter des Kindes wird man mit heftigen Reaktionen oder mit üblen Beschimpfungen konfrontiert. Oft auch bereits wegen Nichtigkeiten oder eines klaren „Nein!". Das lässt uns Eltern nicht kalt. Wir werden ebenfalls wütend oder von Schuldgefühlen geplagt: Habe ich etwas falsch gemacht, dass mein Kind so reagiert?*

Die Unsicherheit der Eltern wird dadurch verstärkt, dass Wutanfälle ein Tabuthema sind, über die niemand gerne spricht. Die wichtigste Botschaft ist aber: Es geht in den meisten Familien so zu. Das legte unsere Onlinebefragung offen und deckt sich mit unserer Praxiserfahrung.

Es gelingt nicht immer, gelassen auf Kinder und ihre Gefühle zu reagieren. Ein tobendes und schreiendes Kind löst bei den Eltern einiges aus und bringt sie an die eigenen Grenzen. Manche berichten, dass sie nicht erwartet hätten, dass sie selber auch eine Wut gegen das eigene Kind entwickeln. Diese Erfahrung kann erschreckend sein.

Insbesondere dann, wenn sich Eltern überfordert und hilflos fühlen, kommen Gefühle von Ungeduld, Anspannung und Wut auf. Manchmal ist das aber eine Reaktion auf die negativen Reaktionen der

Kinder. Und öfter als uns lieb ist, erleben wir, dass wir unsere Kinder frustrieren oder wütend machen, zum Beispiel weil sie gerade im Spiel gestört werden, zum Essen kommen sollen oder in die Schule müssen. Schon bei Kleinkindern erleben wir, dass sie enttäuscht reagieren, wenn es nicht nach ihrem Kopf läuft.

### WUT ALS STRESSINDIKATOR

„Das Zusammenleben wird aggressiver. Kinder stauen während der Schule und Freizeit Gefühle auf. Als Eltern hat man viel Verantwortung, was im Laufe des Tages zu innerer Anspannung führt. Wenn dann alle zusammen sind, kann sich alles entladen."

## Wie Kinder ihre Wut zeigen

Bei jüngeren Kindern beschreiben die Eltern vor allem trotzige und körperbetonte Verhaltensweisen wie Stampfen, Weinen, Schreien, Hauen oder Sachen herausschmeißen.

### KURZ, ABER HEFTIG

Als die Eisenbahnlok wiederholt entgleiste, riss Tom (2) die Schienen der Holzeisenbahn auseinander und schmiss sie durchs Zimmer. Dann folgten die restlichen Teile des Zuges. Anschließend zog er eine Kiste mit Duplosteinen aus dem Spielzeugregal, schüttete diese über sich aus und warf die Kiste ebenfalls durchs Zimmer. Nach einer Minute war alles vorbei. Die Mutter fragte, ob er Hunger habe (es war Mittagszeit) und etwas essen möchte. Das war, als würde man einen Schalter drücken: anderes Thema, Wut weg.

Bei kleineren Kindern kippt die Wut nach dem Ausbruch oft in Trauer oder Weinen, was bei vielen Eltern dazu führt, dass sie ihr Kind trösten. Einige erleben ihre Kinder in solchen Momenten als „verzweifelt". Nach den Angaben der Eltern beruhigen sich Kleinkinder rasch wieder. Ein Wutausbruch dauert in der Regel nur wenige Minuten. Die Kinder sind danach schnell wieder in einem gelassenen, fröhlichen Gefühlszustand. Alles ist wieder vorbei und vergessen – zumindest beim Kind.

Je älter Kinder werden, umso mehr setzen sie verbale Botschaften ein wie Anklagen, Drohen, Schimpfwörter oder Vorwürfe.

## VON NULL AUF 100

„Meine Tochter (6) hatte neulich von jetzt auf gleich einen heftigen Stimmungswechsel. Plötzlich schrie sie mich an, beleidigte und beschimpfte mich. Sie steigerte sich in ihre Gefühle rein und bekam sie nicht allein in den Griff. Nach fünf Minuten war der Spuk vorbei, und sie lachte wieder. Der Grund für diesen Ausbruch war, dass ich aus Versehen Papierschnitzel in den Papierkorb geworfen hatte, die sie als Sonnenstrahlen zum Basteln verwenden wollte. Dies wusste ich aber nicht."

Das Verständnis des Umfeldes für einen Anfall schwindet mit zunehmendem Alter des Kindes. Gleichzeitig können Eltern vermehrt beobachten, wie die älteren Kinder mit ihrer eigenen Wut „ringen" und sie versuchen, sich zu kontrollieren. Manche Kinder ziehen sich zurück und wollen in diesem Moment keine Nähe. Die meisten Eltern erleben, dass die Wutanfälle mit zunehmendem Alter seltener werden.

Bei Jugendlichen richtet sich die Wut zunehmend eher gegen sich selber. Eine Mutter einer Jugendlichen beschreibt, dass sich ihre Tochter in einem Wutausbrauch abwerte und kleinmache. Ein Vater erzählt, dass sein 15-jähriger Sohn seine Wut durch Schläge gegen sich selber richtet. Interessanterweise empfinden manche Eltern auch demonstratives Schweigen, Desinteresse, Hände verschränken, böse schauen und „nicht das machen, was man sagt" als Wutausbruch.

# Gründe für Wutausbrüche

Schaut man auf die Gründe für Wutausbrüche, unterscheiden sie sich je nach Alter des Kindes.

## Gründe bei kleinen Kindern

Als häufigster Grund wurde das Ausschlagen eines kindlichen Wunsches genannt: Das Kind will etwas und bekommt ein klares Nein. Vor allem jüngeren Kindern fällt das Verständnis dafür schwer. Ebenfalls häufig sind Wutausbrüche bei kleinen Kindern, wenn sie etwas nicht schaffen, das sie selbst machen möchten, beispielsweise einen Reißverschluss schließen oder Puzzleteile zusammensetzen. Und auch die Unterbrechung von einer Tätigkeit (Spiel, Basteln) oder das Verlieren bei einem Spiel sind oft genannte Gründe. Manche Kinder scheinen bei fehlender Aufmerksamkeit oder Zuwendung mit einem Wutanfall auf sich aufmerksam machen zu wollen. Vielen Eltern fällt auf, dass Übermüdung, Reizüberflutung oder Hunger die Hemmschwelle für Wutanfälle senkt. Seltener wurde erwähnt, dass ein Kind mit einem Wutanfall bewusst eine Reaktion bei einem Elternteil provozieren wolle.

### Gründe bei älteren Kindern

Je älter Kinder werden, umso häufiger sind soziale Situationen wie Eifersucht, Geschwisterrivalität oder das Gefühl, ungerecht behandelt zu werden, Gründe für einen Wutausbruch. Eltern von Jugendlichen erleben bei ihren Kindern, dass Versagensgefühle und zu hoch gesteckte Ziele Gründe für Enttäuschung und Wut sein können. Stress und Überforderung sind bei größeren Kindern und Jugendlichen öfter Auslöser von Wut; scheinbar häufig auch die hohen Leistungsansprüche an sich selber. Hausaufgaben und Schulstress werden oft als Konfliktthema angegeben. Eltern, die ihren Kindern bei den Hausaufgaben helfen wollen, bekommen die Wut ab. Bei Jugendlichen werden zusätzlich Hormone bzw. Hormonschwankungen (Pubertät) als Ursache genannt.

## Was Wutanfälle bei Eltern auslösen

### Eigene Wut

Als Eltern wird man unweigerlich mit Emotionen konfrontiert, vor denen man sich nicht einfach schützen kann. Plötzlich werden emotionale Seiten in uns geweckt, die uns irritieren oder befremden und sich nicht so einfach rational angehen lassen. Unsere Kinder verursachen bei uns Gefühle, die niemand anderes in uns auslösen kann.

Bei vielen Eltern löst ein kindlicher Wutanfall ebenso Ärger und Wut aus. Manche der befragten Eltern beschreiben, dass sie danach eher in einen Streit mit dem Partner geraten, ungeduldiger sind oder ärgerlich reagieren. Das nennt man „Gefühlsansteckung".

Eine Gefühlsansteckung ist eine angeborene Fähigkeit. Zum Beispiel lösen die per Mimik ausgedrückten Gefühle eines Menschen bei anderen Menschen Nachahmung aus. Ähnlich wie bei einem Gähnen, reagieren unsere Spiegelneuronen auf die gezeigten Gefühle des Gegenübers. So können wir Menschen uns durch alle möglichen Gefühle „anstecken" lassen. Die Gefühlsansteckung ist oder war vermutlich entwicklungsbedingt notwendig, um eine Bindung zwischen Eltern und neugeborenen Kindern entstehen zu lassen. So wie diese Bindung ein Leben lang vorhanden ist, so bleibt auch die Gefühlsansteckung zwischen Eltern und Kind besonders eng.

Die Wut meines Kindes kann ich nicht nur sehen, sondern ich kann sie sogar empfinden. Das Verhalten des Kindes macht mich nicht nur wütend, sondern ich lasse mich unbewusst von diesem Gefühl anstecken. Dazu kommt, dass mich sowohl das Verhalten des Kindes wie auch seine emotionale Reaktion „triggern" können: Alte, vergangene Erfahrungen werden reaktiviert und aktivieren bei mir ein altes Muster. Ein bestimmter Wutanfall des Kindes erinnert mich vielleicht unbewusst an einen Wutanfall des Vaters und löst bei mir ein altes, kindliches Reaktionsmuster aus.

Diese Dynamik verstärkt sich oft zusätzlich, wenn ich mich über meine eigene Reaktion und Emotionalität ärgere. Oder es macht mich wütend, dass ich in der Situation gerade so machtlos bin.

## Schuldgefühle

Insbesondere dann, wenn Kinder häufig Wutanfälle haben oder diese im öffentlichen Raum, an der Schule oder im Freizeitverein auftreten, kommt bei Eltern die Frage auf, ob sie etwas falsch gemacht haben. Habe ich das Kind zu wenig im Griff? Sollte ich strenger sein? Schuld- und Versagensgefühle machen sich breit. Manche Eltern bekommen auch von außen, zum Beispiel von Verwandten, die Rückmeldung, dass sie etwas ändern müssen. Wutanfälle werden als Erziehungsfehler erlebt. Diese Dynamik verstärkt den Druck, der auf den Eltern lastet, und nicht selten wird dieser Druck dann auf das Kind übertragen. Und dies ist nicht förderlich, im Gegenteil: Das belastet die Beziehung zum Kind und untergräbt die Erziehungskompetenz. Schuld- und Versagensgefühle verunsichern Eltern. Umso wichtiger ist es, Eltern zu erklären, dass Wutanfälle ebenso zum Entwicklungsprozess und normalen Familienalltag gehören wie Einschlafprobleme oder Kinderkrankheiten. Sich von Schuldgefühlen zu entlasten hilft, gelassener mit der Situation umzugehen. Und noch etwas Wichtiges: Nur selten sollten Eltern mit wütenden Kindern strenger sein, viel wichtiger ist es, in Kontakt mit dem Kind zu bleiben und zu erfahren, um was es geht.

### WUT IST KEIN ERZIEHUNGSFEHLER

„Lange Zeit war für mich ein Wutanfall meiner Tochter schlimm, da ich das Gefühl hatte, ich habe meine Tochter nicht im Griff. Ich verband damit ein persönliches Versagen. Dies machte mich dann wütend auf mich selber. Ich habe zum Glück aber gelernt zu erkennen, dass meine eigene Reaktion alles nur noch schlimmer machte. Zudem weiß ich heute, dass die Wutanfälle meiner Tochter nicht die Folge eines Erziehungsfehlers sind."

## Stress

Viele Eltern fühlen sich durch einen Wutanfall gestresst. Das hat einerseits mit der Intensität und der Art des Wutanfalls zu tun. Andererseits mit der subjektiven Wahrnehmung und Bewertung des Geschehens. Ein kindlicher Wutanfall wird schnell als Erziehungsversagen bewertet. Das kann für manche Eltern bedeuten, dass das Kind ihren Ansprüchen oder den sozialen Erwartungen nicht entspricht und man vielleicht sogar selbst dafür verantwortlich gemacht wird oder werden könnte (z. B. vom Partner, den Großeltern, den Lehrpersonen usw.).

Ob eine Situation, in der ein Kind einen Wutanfall hat, als stressig empfunden wird oder nicht, hängt demnach stark davon ab, wie die Situation bewertet wird. Jeder Mensch bewertet Situationen, deren Belastungsgrad und deren Bedrohlichkeit unterschiedlich.

Der Psychologe und Stressforscher Richard Lazarus unterscheidet in seinem Wechselwirkungsmodell verschiedene Bewertungsstufen: Zunächst erfolgt die subjektive Bewertung, ob eine Situation als gefährlich oder Herausforderung eingeschätzt wird. Was für den einen Elternteil Stress bedeutet, wird von einem anderen noch nicht als Stress empfunden. Manche Eltern reagieren empfindlich darauf, wenn ihr Kind schreit und tobt, andere gehen damit gelassen um.

In einem nächsten Bewertungsprozess wird nach diesem Modell überprüft, ob die Situation allein bewältigt werden kann: Eltern, die wissen, was sie bei einem androhenden Wutanfall tun können, fühlen sich kaum gestresst.

**WENN WIR WISSEN, WAS WIR TUN KÖNNEN,
IST ES OFT WENIGER STRESSIG**

Wenn Sie wissen, dass es Ihrem Kind hilft, es für einige Minuten
aufs Zimmer zu schicken, wenn es einen Wutanfall kriegt, oder
dass Sie selbst für ein paar Minuten z. B. auf die Terrasse auswei-
chen können, bis sich Ihr Kind wieder beruhigt hat, dann haben Sie
eine erfolgreiche Bewältigungsstrategie für die Situation und erleben sie dementsprechend als weniger stressig.

Dieses Modell weist darauf hin, dass nicht nur die Situation oder das
Verhalten des Kindes entscheidend ist, als wie stressig dieses empfunden wird, sondern dass die persönliche Bewertung der Situation und
die Bewältigungsmöglichkeiten fast entscheidender sind.

Je effizientere Bewältigungsmöglichkeiten wir haben, umso weniger
belastend bewerten wir die Situation. Daher ist es ganz wesentlich,
dass wir Eltern über gute Bewältigungsstrategien verfügen. Im Kapitel „Konflikte angemessen lösen" finden sich konkrete Beispiele dazu.

## Hilflosigkeit und Angst

Besonders belastend wirken sich Situationen aus, in denen wir uns hilflos oder ohnmächtig fühlen. Wir sehen das Problem und stehen ihm
machtlos gegenüber. Mit diesem Gefühl werden wir handlungsunfähig, können vielleicht nicht mehr richtig denken, verlieren den Mut und
sehen keinen Ausweg mehr. In diesem Zustand erleben wir oft Angst.

Wenn wir aufgrund eines Wutanfalls oder anderer Situationen in
dieses Gefühl der Hilflosigkeit hineinkommen, ist es wichtig, dass wir
wissen, wie wir dieses Gefühl wieder überwinden können.

## TIPPS: SO ÜBERWINDEN SIE DAS GEFÜHL DER HILFLOSIGKEIT

- Atmen Sie tief durch. Atmen Sie langsam ein und aus, bis Sie merken, dass Sie sich beruhigen. Ein tiefer Seufzer oder ein ausgiebiges Gähnen kann helfen.
- Nehmen Sie eine selbstbewusste Körperhaltung ein. Auch wenn Sie sich im Moment nicht selbstbewusst fühlen, hat es eine positive Wirkung auf Sie und auf Ihr Kind. Stehen Sie mit beiden Füßen fest auf dem Boden, halten Sie den Kopf aufrecht, blicken Sie ganz bewusst dem Gegenüber in die Augen. Unterstützen können Sie diese Haltung, indem Sie die Hände in die Hüfte stemmen.
- Lenken Sie Ihre Aufmerksamkeit auf etwas Neutrales. Zählen Sie innerlich fünf Sachen auf, die in Ihrer Umgebung rot, dann drei Sachen, die gelb sind ... Auch das Rückwärtsbuchstabieren kann helfen: AUTO wird zu OTUA, Sonne zu ENNOS ... Oder subtrahieren Sie von 100 immer sieben.
- Machen Sie etwas, wobei Sie Ihren Körper gut spüren: Klopfen Sie sich von oben nach unten ab, stampfen Sie fest mit den Füßen auf (kleine Kinder machen das wunderbar), trinken Sie kaltes Wasser oder kauen Sie etwas Scharfes.
- Reden Sie sich selber gut zu. Sagen Sie sich: „Ich kann das Problem lösen; es gibt immer eine Lösung." Oder: „Ich schaffe das."
- Erinnern Sie sich an ein Problem, das Sie bereits positiv gemeistert haben. Welche Gedanken oder welches Verhalten haben Ihnen damals geholfen?
- Sobald Sie sich weniger hilflos fühlen und etwas Distanz zur Situation gewonnen haben, lohnt es sich, die Situation genauer anzuschauen und zu überlegen, welche kleinen Schritte zu einer Veränderung der Situation beitragen könnten.
- Holen Sie sich Unterstützung. Sie sind nicht allein!

# Wutanfälle sind ein Tabuthema

In offenen Gesprächen und bei der anonymen Befragung äußerten Eltern, dass sie selbst darüber schockiert sind, wie unglaublich wütend ein Wutanfall ihres Kindes sie machen kann. Selbst ausgeglichene, gelassene Eltern erleben bei sich eine Seite, die sie sonst kaum kennen: eine heftige, impulsive emotionale Reaktion, eine Wut. Und sie zeigen Verhaltensweisen, die sie nicht von sich kennen: Schreien oder gar Schlagen.

## Wutanfälle kommen in allen Familien vor

Ich bin überzeugt, dass die meisten Eltern solche Situationen erleben; ich selbst auch. Darüber zu sprechen ist schwierig. Wir schämen uns für unser Empfinden und für unser unkontrolliertes Verhalten. Es ist mir deswegen besonders wichtig, in diesem Buch darüber zu schreiben, wie allzu menschlich diese Seiten sind und woher sie kommen. Anzuerkennen, dass wir in manchen Momenten Seiten von uns erleben, die unser Verhalten steuern und dazu führen, dass wir einen Kontrollverlust erleben, kann sehr hilfreich sein. Wenn ich mit dieser unschönen Seite von mir in Kontakt komme, kann ich lernen, damit umzugehen. Zu denken, „Das könnte mir nie geschehen" oder „Das darf mir nie geschehen", macht erst recht handlungsunfähig. Eine differenzierte Selbstreflexion hilft uns, uns selber besser zu verstehen, und macht uns steuerungsfähig. Es ist ein großer Unterschied, ob ich aus der Wut heraus reagiere oder ob ich innerlich zu mir sagen kann: „Ich bin jetzt wütend und ich möchte im Moment am liebsten schreien." Im ersten Fall handle ich emotional, oft ohne zu überlegen, und impulsiv. Im zweiten Fall beobachte ich meine Gefühle, was zu einer gewissen Distanz führt. Allein dadurch ergibt sich in der Situation die Möglichkeit, die eigene Reaktion zu steuern. Als Beobachter meiner Emotionen habe ich in der Regel mehr Wahlmöglichkeiten.

> Nicht nur über die eigene elterliche Reaktion reden wir ungern, auch über die Tobsuchtsanfälle der eigenen Kinder zu sprechen ist ein Tabuthema. Einige Kinder zeigen diese Anfälle nur im familiären Umfeld, während sie nach außen wie „Lämmchen" wirken. Vielen Eltern ist daher nicht bewusst, dass sie nicht allein sind mit diesem Thema.

Dadurch, dass man nicht über dieses Thema spricht und nicht weiß, dass diese Anfälle ganz normal sind und „in den besten Familien" vorkommen, wird so ein Ausbruch noch stärker als persönliches Versagen oder als großes Problem des Kindes wahrgenommen (siehe oben). Doch nochmals: Wut ist ein normales Gefühl. Die meisten Eltern erleben bei ihren Kindern heftige Wutanfälle und fühlen sich angesichts der Heftigkeit überfordert. – Ja, das ist bei anderen Familien genauso!

## Vorsichtig mit zu hohen Erwartungen umgehen

Kinder müssen unglaublich viel lernen und in allen Lernbereichen (Sprache, Motorik …) ausprobieren, üben und Fehler machen. Dies scheint uns aber in manchen Bereichen verständlicher als in anderen.

**KINDER BRAUCHEN GEDULD UND VORBILDER**

Wir verstehen, dass das Kind sich nicht einfach aufs Fahrrad setzen und losfahren kann. Wir akzeptieren seine Unsicherheiten, trösten es bei Stürzen und halten es solange wie nötig, lassen aber auch los, damit das Radfahren gelingen kann. In anderen Bereichen scheinen wir weniger tolerant. Dabei geht es um dasselbe Prinzip: Kinder brauchen viele Möglichkeiten, um üben, auszuprobieren und lernen zu können.

Dies trifft auch auf die Entwicklung der Selbstbehauptung, die Möglichkeit, sich durchzusetzen oder auch sich zu wehren zu. Woher soll ein zweijähriges Kind wissen, dass es nicht einfach nehmen darf, worauf es gerade Lust hat? Wie soll ein Kleinkind sich anders wehren als durch Körpereinsatz, wenn es das Gefühl hat, es komme zu kurz oder werde angegriffen? All das und vieles mehr muss ein Kind lernen, und dazu braucht es unser Verständnis, unendliche Geduld, viel Erklärungen und gute Vorbilder.

Eines der größten Erziehungsprobleme liegt darin, dass wir zu hohe Erwartungen an uns als Eltern und oft auch an unsere Kinder haben. Dies kommt wohl daher, dass wir es in der Kindererziehung möglichst gut machen wollen.

> Die meisten Eltern wollen nur das Beste für ihr Kind und bemühen sich sehr, alles möglichst gut und richtig zu machen.

Wir haben konkrete Vorstellungen, wie wir unsere Kinder erziehen möchten und wie unsere Kinder sein sollten. Das ist grundsätzlich nicht schlecht. Das Problem ist aber, dass wir in diesen Ansprüchen unsere eigenen Unzulänglichkeiten und die weniger wünschenswerten (gleichzeitig aber oft auch sehr wichtigen) Seiten unserer Kinder zu wenig berücksichtigen. Wir haben Angst, dass wenn wir nicht konsequent genug oder sogar nachgiebig sind, unsere Kinder verzogen werden und uns auf der Nase rumtanzen. Aufgrund solcher Ängste werden manche Eltern sehr unnachgiebig und reagieren zu wenig verständnisvoll ihren Kindern gegenüber. Immer wieder begegne ich Eltern (insbesondere Vätern), die von ihren Kindern das Pflichtbewusstsein oder das reflektierte Verhalten eines Erwachsenen erwarten.

# Die hohen Erwartungen von außen

Als Eltern fühlt man sich permanent beobachtet, von Verwandten, von Lehrpersonen, Nachbarn usw. Viele erleben immer wieder, dass sich andere in die Kindererziehung einmischen und schnell mit wohlgemeinten Ratschlägen zur Stelle sind. Nicht zuletzt müssen wir unter Umständen Kritik über uns ergehen lassen: Die eigene Mutter findet, man habe das Kind nicht im Griff; die Lehrperson meint, dass müsse sich jetzt ändern, diese Wutanfälle seien nicht angemessen; die Nachbarn schauen grimmig, wenn die Kleine wieder mal richtig losschreit.

Was manchmal wohlgemeint ist, wird schnell zum zusätzlichen Stress und ist wenig hilfreich.

**TIPPS: KRISEN GEHÖREN DAZU**

- Es darf Ihnen auch mal schlecht gehen. Das ist völlig normal.
- Das Leben und der Alltag mit Kindern sind kein Werbespot. Eltern zu sein, kann nicht immer heißen, permanent auf Wolke sieben zu schweben.
- Krisen und schwierige Phasen gehören genauso dazu wie das zeitweilige Gefühl von Überforderung. „Aushalten" ist manchmal die einzige Möglichkeit, eine schwierige Situation zu überstehen.
- Tauschen Sie sich mit anderen Eltern aus. Suchen Sie sich aber solche Austauschpartner, die ebenfalls offen über ihre Krisen sprechen und nicht alles „schön reden".
- Sie dürfen sich ohne schlechtes Gewissen Hilfe und Unterstützung holen. Oma, Opa und gute Nachbarn können sehr wertvoll sein. Suchen Sie sich die Bezugspersonen aus, die Ihnen und Ihrer Familie guttun.
- Schützen Sie sich mit einem gut eingeübten Standardsatz vor allzu vielen wohlgemeinten Ratschlägen von außen. In etwa so: „Ich glaube, Sie meinen es gut mit uns, aber danke, wir brauchen Ihre Ratschläge nicht." Oder so: „Vielleicht ist bei Ihnen immer alles schön und gut, unser Leben ist halt etwas bunter."

# Die verschiedenen Sichtweisen

Besonders wenn Wutanfälle häufig sind und in aggressiven Handlungen enden, ist es hilfreich, wenn man versucht, die Wut und ihre Auslöser besser zu verstehen. Dies ist in der Regel eine große Herausforderung. Nicht selten erlebe ich, dass wir beim Versuch zu verstehen, welche verschiedene Faktoren einen Wutanfall auslösen, ganz unterschiedliche Einschätzungen und Wahrnehmungen antreffen. Eine

Mutter sieht beispielsweise andere Auslöser von Wutanfällen als der Vater. Und das Kind selbst hat nochmals eine ganz andere Sichtweise.

## WUT ODER EIN BERECHTIGTER ANSPRUCH?

Regelmäßig bricht die 14-jährige Marie in heftige Wutausbrüche aus. Ihre Mutter beobachtet, dass Maries Wutausbrüche immer dann stattfinden, wenn sie Anforderungen an ihre Tochter stellt. Gut nachvollziehbar, dass die Mutter diese Reaktionen der Tochter loswerden möchte, und meint: „Dieses Herumschreien und Toben, sobald ich etwas von ihr will, ist einfach nicht akzeptabel. Ich erwarte, dass mir Marie in solchen Situationen ohne diese heftigen Widersprüche gehorcht."

Marie bestätigt, dass gewisse Ansprüche der Mutter sie so wütend machen. „Ich finde es nicht okay, wenn sie mir sagt, wann ich die Hausaufgaben zu erledigen habe, das ist schließlich meine Sache. Zudem erwartet Mama, dass ich Dinge immer sofort erledige, wenn sie etwas von mir will", beklagt sie sich. Marie ist scheinbar der Meinung, dass ihre Mutter nur dann kapiert, dass sie etwas nicht will, wenn sie auf derart heftige Art und Wiese „kommuniziert". Sie möchte in erster Linie nicht den zu hoch gesteckten Ansprüchen der Mutter folgen und sich weiterhin zur Wehr setzen können. Die Wut in Griff zu bekommen kann also nur dann auch im Sinne der Tochter sein, wenn wir auch ihren Standpunkt besser verstehen.

Wie in diesem Beispiel deutlich wurde, geht es zumeist darum zu erkennen, was es *anstatt* der Wut braucht, um einen adäquaten Entwicklungsschritt machen zu können.

Will man an solchen Situationen etwas verändern, muss man die verschiedenen Sichtweisen der betroffenen Familienmitglieder (vor allem bei älteren Kindern und Jugendlichen) kennenlernen.

Familiengespräche, die möglichst regelmäßig und in ruhiger Atmosphäre geführt werden, bieten die geeignete Ausgangslage für einen vertieften Austausch.

**MÖGLICHE REFLEXIONSFRAGEN FÜR EIN BESSERES VERSTÄNDNIS**

Um ein besseres Verständnis für die verschiedenen Sichtweisen zu bekommen, kann es hilfreich sein, wenn man sich verschiedenen Fragen stellt. Reflexionsfragen könnten sein:

- Welche Verhaltensweisen werden als „Wutanfall" eingeschätzt und von wem wie wahrgenommen?
  Hier könnte schon deutlich werden, dass wir uns unterscheiden in der Wahrnehmung und Bewertung, was überhaupt ein Wutanfall ist und was nicht.
- Welche mögliche Bedeutung und Auswirkung haben diese Reaktionen für die verschiedenen Familienmitglieder?
- Wer reagiert typischerweise wie auf den Wutanfall?
  Hier könnte sich zeigen, dass der Vater anders mit den Wutanfällen umgeht als die Mutter oder beispielsweise die Lehrperson. Festgefahrene Interaktionsmuster können erkannt werden. Auch kann festgestellt werden, welche Reaktion am konstruktivsten bzw. am hilfreichsten wirkt.
- Welche Bedeutung bzw. welchen subjektiven Sinn hat der Wutanfall? Welche Bedürfnisse stecken dahinter?
- Inwiefern kann das betroffene Kind das Verhalten und die zugrunde liegenden Emotionen (Frustration, Angst ...) selber steuern? Welche alternativen Reaktionsweisen kennt das Kind schon?
- Wo gibt es Ausnahmen?

# WARUM ES ZU WUT-ANFÄLLEN KOMMT

*Jetzt fühlen wir der Wut mal so richtig „auf den Zahn"! Zunächst einmal müssen wir akzeptieren, dass Wut dazugehört, wichtige Funktionen hat und nicht einfach nur „weggemacht" werden sollte. Wenn wir genau hinschauen, verstehen wir, dass es verschiedene Formen von Wut und Wutausbrüchen gibt, dass es sehr auf den Entwicklungsstand des Kindes ankommt und wir Eltern ebenfalls unseren Anteil an den Wutausbrüchen der Kinder haben.*

## Wut gehört dazu!

Wut ist eine Emotion, und Emotionen haben immer eine Daseinsberechtigung. Wut hängt mit der Selbstkontrolle, dem Selbstbewusstsein und den individuellen Möglichkeiten zur Durchsetzungsfähigkeit und Selbstbestimmung zusammen.

Auch wir Eltern erleben, dass es uns wütend macht, wenn wir uns nicht angemessen durchsetzen können oder wenn unsere persönlichen Grenzen überschritten werden.

Wut gehört dazu, um gehört und wahrgenommen zu werden. Wut gehört auch dann dazu, wenn man sich verteidigen oder wehren muss. Wenn ich spüre, dass mich etwas wütend macht, dann ist das ein wichtiger Hinweis dafür, dass ich zu wenig respektiert und verstanden werde. Die Frage ist dann aber, wie ich die Situation bewerte, wie ich darauf reagiere und wie ich meine Wut nach außen zeige.

Also: Akzeptieren Sie die Wutanfälle! Sie bringen einen manchmal an die Belastungsgrenze. Aber sie kommen in jeder Familie vor, insbesondere bei Familien mit jüngeren Kindern. Je eher Sie lernen, mit Wutanfällen umzugehen, desto weniger werden Sie von ihnen gestresst sein.

# Jedes Kind ist einzigartig

Es ist völlig normal, dass ein Kind ab und zu einen Wutfanfall bekommt. Es muss zuerst noch lernen, mit seinen Gefühlen umzugehen und angemessene Verhaltensformen zu finden.

Dabei darf nicht vergessen werden, dass Menschen sehr unterschiedlich sind. Manche erleben Gefühle intensiver als andere, manche lernen schneller, andere weniger schnell, und je nach Persönlichkeit sind wir impulsiver oder temperamentvoller oder ruhiger.

Unsere Wesensart und Charaktereigenschaften sind uns zu einem großen Teil angeboren. Sie sind nicht allein durch Erziehung oder Umwelteinflüsse bestimmt. Vielmehr wirken individuelle Eigenschaften des Menschen, Erziehung und Umwelteinflüsse in einer

Wechselwirkung zusammen. Das heißt, diese Faktoren beeinflussen sich gegenseitig, und mal wirkt der eine Faktor (zum Beispiel ein Umweltfaktor) stärker als der andere Faktor. Wobei manche Eigenschaften des Menschen angeboren sind und andere als ein individuelles Drängen nach Selbstbestimmung verstanden werden können. Zum Beispiel können eineiige Zwillinge, die in der gleichen Familie aufwachsen, also sehr eine ähnliche Erziehung genießen und vergleichbare Umwelteinflüsse erleben, ganz unterschiedliche Interessen entwickeln: Ein Kind will unbedingt Tennis spielen, das andere lieber einen Malkurs besuchen. Diese Selbstbestimmung spielt in unserer Gesellschaft eine zentrale Rolle.

> Es gibt angeborene und angelernte Unterschiede, wie schnell und wie intensiv jemand auf eine Situation reagiert. Dazu kommt, dass wir uns nicht nur in der Intensität und Ausprägung der Wut unterscheiden, sondern noch eher in der Qualität, das heißt in der Art der gezeigten Wut. Manche Menschen reagieren heftig auf Provokationen und andere negative Anlässe, andere weniger.

Man kann also sagen, Menschen unterscheiden sich in ihrer Ärger- und Wutneigung. Manche setzen einen Wutanfall ganz gezielt ein, um ein Ziel zu erreichen, andere können nicht mal dann Wut zeigen, wenn es angebracht wäre, sich zu wehren; manche Menschen sind regelrecht gehemmt, ihre Wut zu zeigen. Wir sind unterschiedlich und somit einzigartig.

Wutausbrüche äußern sich je nach Alters- und Entwicklungsstufe ganz unterschiedlich. Während Kleinkinder noch sehr reizbar sind und manche heftige Temperamentsausbrüche haben, zeigt sich bei Jugendlichen die Wut zuweilen eher verdeckt und subtil, z. B. im Ignorieren von Abmachungen.

Der Ausdruck von Wut ist abhängig von der Einzigartigkeit eines jeden Kindes, von erlernten Mustern, und drückt sich je nach Entwicklungsstand ganz unterschiedlich aus.

## Was ist Ihre Aufgabe als Eltern?

Eine wichtige Aufgabe der Erziehung – vielleicht die wichtigste überhaupt – ist die Stärkung des Kindes, damit es zu dem Menschen werden kann, der es sein will und kann. Also zuzulassen, dass es seine Einzigartigkeit entwickeln kann. Und doch braucht es auch die Anpassung; die Anpassung an die Gemeinschaft, an ein soziales System. Ohne diese Anpassungsfähigkeit würde unser Zusammenleben, unsere Gesellschaft nicht funktionieren, und wir würden nicht überleben.

Damit ist Ihre Aufgabe als Eltern ungemein komplex. Erziehung heißt, einen Mensch so zu begleiten und stärken, dass er für seine Interessen und seinen Willen einstehen kann und gleichzeitig lernt, sich an die bestehende Gesellschaft und deren Normen anzupassen. Diese Anpassungsleistungen sind hoch komplex und fordern Eltern in ihren Erziehungsaufgaben ebenso wie Kinder in ihrer Entwicklung heraus. Es gibt unendlich viele individuelle Wege, diese Anpassungen zu leisten. Insbesondere in der Kindheit und im Jugendalter ist es ein innerer Kampf, mit angeborenen Gefühlen sowie gesellschaftlichen Erwartungen zurechtzukommen. Oft stehen diese Gefühle („Ich habe jetzt Lust auf Schokolade") und Erwartungen und Normvorstellungen („Man isst keine Schokolode vor dem Mittagessen") in Widerspruch.

Es ist daher sehr wichtig, Verständnis für diesen Lernprozess zu haben und das Kind mit Halt und Geduld hindurchzubegleiten.

# Äußere Umstände

Neben der Familie und den Erziehungsbedingungen spielt das soziale Umfeld eine bedeutende Rolle. Mitschüler, die ein Kind abweisen, Ungerechtigkeit durch eine Lehrperson oder Angst vor Angriffen auf dem Pausenhof sind mögliche Wutauslöser, die nicht übersehen werden sollten.

Immer wieder erlebe ich, dass wir den äußeren Umständen zu wenig Beachtung schenken oder diese vergessen. Interessanterweise zeigen sozialpsychologische Studien, dass wir dazu neigen, Persönlichkeitsfaktoren zu überschätzen und soziale Umstände zu unterschätzen. Doch das soziale Umfeld, Hitze oder Kälte, Lärm, Zeitdruck usw. spielen eine zentrale Rolle, wie wir uns fühlen und verhalten.

Stellen Sie sich mal vor, Sie hätten sich soeben durch Unvorsichtigkeit Ihren Finger in der Tür eingeklemmt. Kommt da nicht neben Schmerz auch leichte Wut auf?

**ACHTUNG, UNTERZUCKERUNG!**

Aus meiner Erfahrung als Mutter habe ich gelernt, wie heftig sich eine Unterzuckerung bei Kindern auswirken kann. Eigentlich ist es nicht erstaunlich, dass viele Konflikte kurz vor dem Mittagessen entstehen: Wir sollten kochen, das Kind möchte uns von der Schule berichten und wünscht ungeteilte Aufmerksamkeit. Dazu kommen Hunger und Erschöpfung.

Ich empfehle daher, eine Schale mit Apfelscheiben oder ein Glas Orangensaft bereitzuhalten und Knabbern vor dem Essen zu erlauben.

### Lernen Sie die Auslöser kennen

Überlegen Sie einmal, in welchen Situationen Ihr Kind regelmäßig einen Wutanfall bekommt. Typische Auslöser für Wut- und Trotzanfälle sind Reizüberflutung, Mangel an strukturierten Aktivitäten oder Stress. Bei sensiblen, ängstlichen oder hyperaktiven Kindern höre ich beispielsweise immer wieder, dass Situationen im Sportunterricht eskalieren.

Auch die Tatsache, dass ein Kind den genannten äußeren Einflüssen ausgesetzt ist und erst zu Hause im geschützten Rahmen seinen Emotionen freien Lauf lassen kann, darf nicht außer Acht gelassen werden.

> **Viele Kinder drücken ihre emotionale Überforderung erst zu Hause, also im geschützten Rahmen, aus.**

# Wutausbrüche als Gewohnheiten

Da die meisten Wutausbrüche so wirken, als geschähen sie aus heiterem Himmel, kann es merkwürdig erscheinen, sie als Gewohnheiten zu bezeichnen. Wenn man jedoch genauer hinschaut, können wir erkennen, dass viele Wutausbrüche einem bestimmten Muster folgen, die das ihnen zugrunde liegende Problem widerspiegeln.

> **Als „Muster" oder „Gewohnheiten" verstehen sich Verhaltensabläufe, die zu einem früheren Zeitpunkt durchaus sinnvoll gewesen sind, in der Gegenwart aber scheinbar einem immer gleichen Ablauf folgen, teilweise ohne nachvollziehbare Gründe.**

Psychologen gehen davon aus, dass der größte Teil der menschlichen Verhaltensweisen auf unbewusste, automatische Abläufe zurückgeht. Diese Abläufe sparen Denkkapazität und sichern das Überleben. Viele unbewusste Verhaltensmuster hängen mit der Entwicklung unserer Persönlichkeit zusammen. Kindheitserfahrungen prägen biologisch wie psychisch die Persönlichkeit und die weitere Entwicklung. Beispielsweise bilden sich bei einem Kind, das über Jahre Klavier spielt, ganz bestimmte Bahnen im Gehirn aus. Aber nicht nur motorische oder körperliche Abläufe zeichnen sich hirnorganisch ab, sondern auch emotionale und psychische Erfahrungen. Anders ausgedrückt: Durch Erfahrungen bilden sich in unserem Gehirn feste Verbindungen, die unsere Reaktion auf bestimmte Reize bestimmen – sogenannte Muster. Daher neigen wir dazu, auf bestimmte Reize immer wieder ähnlich zu reagieren.

Erlernte Muster können in der frühen Kindheit hilfreich gewesen sein, heute aber in einer veränderten Umgebung und mit einer gereiften Persönlichkeit als leidvoll erlebt werden. Dies besonders dann, wenn einmal erlernte Reaktionen uns nicht mehr sinnvoll, sondern gar schädlich erscheinen, wir aber Schwierigkeiten haben, sie zu ändern.

### NIE WIEDER!

In meiner Praxis berichtete ein Paar, dass es häufiger zu Streit kommt, wenn es gemeinsam unterwegs ist und der Mann mit anderen Frauen ein Gespräch führt. Die Frau erkennt, dass sie jedes Mal wütend wird und gereizt reagiert, wenn ihr Mann mit einer hübschen Frau und potenziellen Rivalin spricht. Unabhängig vom Verhalten des Mannes (der keinerlei Flirtverhalten zeigt, sondern sachlich und distanziert bleibt), erlebt die Frau Eifersucht und Wut (emotionales Muster). Und sie führt sich immer ähnlich auf: Sie beginnt zu streiten, ist zickig usw.

Wenn man nun weiß, dass die Frau miterleben musste, wie ihr Vater wiederholt mit fremden Frauen flirtete und schließlich ihre Mutter wegen einer anderen Frau verließ, als sie 13 Jahre alt war, kann man die emotionale Reaktion und das Verhalten der Frau verstehen. In der Streitreaktion der Frau spiegelt sich einerseits ihre Angst vor dem Verlust wider, andererseits scheint sie so die Aufmerksamkeit weg von der fremden Frau auf sich selber zu lenken. Unbewusst beginnt sie einen Streit, um ihren Mann nicht an die fremde Frau zu verlieren.

Ein weiteres Beispiel:

## WIE DER VATER ...?

Simone hatte einen autoritären, ungeduldigen und zu Jähzorn neigenden Vater. Sobald etwas nicht sofort so klappte, wie er es sich vorstellte, schrie er herum. Manchmal wenn er von der Arbeit besonders gestresst nach Hause kam und ihm etwas nicht passte, schlug er Simone oder ihre Geschwister sogar. Obwohl sich Simone schwor, nie so zu werden wie ihr Vater, musste sie erleben, wie rasch ihr Sohn John sie zur Weißglut bringen konnte. Obwohl sie eigentlich gerne ausgeglichen reagieren würde, wusste John bereits früh, welche „Knöpfe" er bei seiner Mama drücken musste, um sie aus dem Gleichgewicht zu bringen. Simone hatte das Gefühl, in einem Teufelskreis gefangen zu sein. Auf keinen Fall wollte sie ihren zweijährigen Sohn schlagen, aber diese Wut, die er bei ihr auslöste, war kaum auszuhalten ...

Um solche belastende Prägungen zu erkennen, kann die Hilfe von einer therapeutisch tätigen Fachperson unterstützend sein. Diese kann helfen, aus den belastenden Fesseln der Vergangenheit auszubrechen.

### VERHALTENSMUSTER UND GEWOHNHEITEN LASSEN SICH ÄNDERN

Anzuerkennen, dass frühere Erfahrungen unsere erwachsenen Reaktionen (emotionale Reaktionen und Verhaltensformen) beeinflussen, ist zentral. Wir sind diesen angelernten Mustern aber nicht hilflos ausgeliefert, sondern können uns verändern. Es geht darum, neue Abläufe zu trainieren. Am besten funktioniert ein Training im ruhigen und sicheren Moment. Als Vergleich: Ein Notfall lässt sich nicht im Notfall üben. Die Übung muss vorher stattfinden, damit im Notfall ein adäquates Verhaltensprogramm abläuft. Genauso funktioniert das auch bei einem Wutanfall:

1. Erkennen, dass es sich um eine Gewohnheit bzw. ein Verhaltensmuster handelt, welches auf eine frühere Erfahrung zurückgeht.
2. Auslöser, Ausgangspunkt bzw. typische Situation identifizieren.
3. Neue Verhaltensmuster einüben, wenn der Auslöser nicht vorhanden ist (sogenanntes „Trockentraining"). Dieses Training kann schon dann hilfreich sein, wenn es nur mental geschieht.

Beispielsweise kann sich die Frau aus unserem Beispiel oben immer wieder mit den Gedanken befassen, sie würde ihren Mann mit einer hübschen Frau sehen. Wie würde sie sich gerne fühlen wollen? Was wären hilfreiche, positive Gedanken? Wie würde sie sich der Frau und ihrem Mann gegenüber gerne verhalten wollen? Dieses gedankliche Durchspielen ist so etwas wie ein „Trockentraining". Das hilft auch Simone, aus dem gewohnten Muster auszubrechen und neue Reaktionen aufzubauen.

Gewohnheiten haben viel mit unseren Erfahrungen zu tun und hängen daher eng mit dem Lernprozess zusammen. Wir werden im Kapitel „Der Umgang mit der eigenen Reaktion" nochmals auf die Möglichkeit der Veränderung solcher Prozesse zurückkommen.

# Ich habe es nicht anders gelernt!

Legen wir nun einmal den Fokus auf das gelernte Verhalten. Hier wirkt sich unser Erziehungs- und Vorbildverhalten ganz direkt aus. Denn:

Wut kann eine Folge von (falsch) gelerntem Verhalten sein!

Menschen lernen sehr viel aus den Konsequenzen ihres Verhaltens. So kann ein Wutanfall als Mittel eingesetzt werden, um etwas zu erreichen. Dies kann unbewusst geschehen oder ganz gezielt eingesetzt werden. Entscheidend ist, dass es seine Wirkung in der Regel nicht verfehlt. Dies ist ein Lernprozess: „Wenn ich nur laut genug schreie und tobe, dann erreiche ich, was ich will oder brauche." Das Kind erlebt also Wirksamkeit, wenn es mit einem Wutanfall etwas durchsetzen kann.

Folgendes Beispiel kann deutlich machen, dass Kinder schnell lernen, ihr unerwünschtes Verhalten zu instrumentalisieren, also einzusetzen, um ein Ziel zu erreichen:

## WARUM RAHEL NIE DEN TISCH DECKEN MUSS

Die 8-jährige Rahel hat zu Hause die Aufgabe, vor dem Abendessen den Tisch zu decken. Immer wieder kommt es vor, dass Rahel, kurz bevor sie diese Aufgabe erledigen soll, Streit sucht oder bockig ist oder auf eine andere Art provoziert. Wenn die Eltern auf dieses Verhalten reagieren, fühlt sie sich ungerecht behandelt, legt sich auf den Boden, fängt an zu toben usw. Rahel lässt sich in dieser Situation nicht beruhigen und zieht die gesamte Aufmerksamkeit ihrer Eltern auf sich. Oft wird dann die Aufgabe des Tischdeckens von den Eltern selbst übernommen oder an Rahels Geschwister delegiert.

Dieses Beispiel zeigt sehr schön, dass Rahel mit ihrem Verhalten Erfolg hat: Sie muss den Tisch nicht decken, etwas Negatives fällt für sie weg. Ein anderer Zusatznutzen ist, dass Rahel durch einen Wutanfall etwas Positives erlangt, zum Beispiel Zuwendung. Besonders problematisch ist es, wenn ein Kind vor allem dann Aufmerksamkeit bekommt, wenn es tobt, es aber kaum beachtet wird, wenn es sich angemessen verhält. So bekommt es also immer nur dann Zuwendung, wenn es sich negativ verhält. Darum ist es gerade in Phasen, in denen ein Kind häufiger unangemessenes Verhalten zeigt, umso wichtiger, dass wir Eltern uns ganz stark auf die „guten Phasen" und das angemessene Verhalten konzentrieren und dieses beachten und honorieren.

### NÜTZLICHE EFFEKTE VON WUTANFÄLLEN

Wutanfälle sind durchaus wichtig. Zentral ist also die Frage, **zu welchem Zweck** jemand Wut zeigt. Gründe können sein:
- um eigene Wünsche durchzusetzen;
- um Beachtung und Zuwendung zu bekommen;
- um sich zu schützen bei Belästigung;
- um Anforderungen abzuwenden usw.

Manche Forscher versuchen daher, verschiedene „Arten" von Wutanfällen zu unterscheiden, um besser differenzieren zu können, wie darauf reagiert werden sollte. Eine hilfreiche Unterscheidung differenziert zwischen solchen Wutanfällen, die manipulativ eingesetzt werden, um ein Ziel zu erreichen, und solchen, die auf eine Enttäuschung oder einen Mangel (z. B. ein unbefriedigtes Bedürfnis) zurückgehen:

## Manipulative Wutanfälle

Manipulative Wutanfälle (wie im obigen Beispiel von Rahel) gehen auf ein problematisches Lernmuster zurück und sollten daher durch „Umlernen" korrigiert werden. Ob ein Kind dieses Verhaltensmuster tatsächlich einsetzt, ist abhängig davon, welche Erfolgserwartung aus den bisherigen Erfahrungen damit verknüpft ist. **Erfolge lehren uns, Verhaltensweisen einzusetzen:** Erreicht Rahel mit ihrem Wutanfall das Ziel (ich muss den Tisch nicht decken), dann zeigt sie das Verhalten in Zukunft wieder. Es ist hilfreich, wenn wir als Eltern manipulative Wutanfälle durch Nichtbeachtung entmutigen.

## Enttäuschungswutanfälle

Bei Enttäuschungs-Wutanfällen braucht das Kind wirklich Unterstützung, evtl. einen Trost oder Zuspruch oder gar unsere Hilfe bei der Befriedigung seiner Bedürfnisse. Um zwischen diesen verschiedenen Wutanfällen unterscheiden zu können, ist es wichtig, wenn wir verstehen, welches Ziel damit erreicht werden sollte (bzw. was dahinterliegt, welche Ursache das Verhalten hat).

### WUTANFALL – ODER NICHT?

Ob ein Kind Wutanfälle einsetzt, um sein Ziel zu erreichen, hängt davon ab, welche anderen Möglichkeiten es sonst noch kennt. Das angestrebte Ziel kann durchaus legitim sein (ich will mich durchsetzen oder muss mich wehren). Den Weg über einen Wutanfall zu wählen ist aber nicht angemessen. Es hängt also davon ab, über welche Lösungsansätze das Kind verfügt, auch je nach Entwicklungsstand des Kindes.

**TIPPS: RICHTIGES VERHALTEN BEI WUTANFÄLLEN**

- Geben Sie im Moment eines manipulativen Wut- oder Trotzanfalls auf keinen Fall nach. Ihr Kind lernt sonst: Ich muss nur laut genug schreien und stark genug toben, dann bekomme ich meinen Willen oder erreiche ich mein Ziel. Wenn möglich, ignorieren Sie den Wutanfall oder suchen Sie nach Kompromissen.
- Versuchen Sie bereits vor dem Schreien und Toben des Kindes die Situation zu entschärfen. Wutanfälle schaukeln sich meistens hoch. Oft steigen wir Eltern unbewusst in diese Spirale mit ein und tragen etwas dazu bei, dass es immer lauter und heftiger wird. Durchbrechen Sie dieses Schema. Wie das gelingen kann, lesen Sie in den folgenden Kapiteln.
- Spielen Sie als Eltern Detektiv, der nach positiven Eigenschaften und Verhaltensweisen des Kindes sucht und dem Kind einmal am Tag über die positiven Beobachtungen berichtet.
- Führen Sie über einige Wochen ein Wuttagebuch. Schreiben Sie auf, in welchen Situationen Ihr Kind sich besonders ärgert. Was waren die möglichen Auslöser?
- Lernen Sie gute Bewältigungsstrategien (siehe Kapitel „Neue Bewältigungsstrategien aufbauen").

## Erziehen – was heißt das eigentlich?

Erziehung ist per Definition ein möglichst bewusstes und zielgerichtetes Verhalten. Das zentrale Anliegen ist also, dass Eltern sich Gedanken darüber machen müssen, wozu sie erziehen. Um zielgerichtet und bewusst erziehen zu können, ist es wichtig, immer mal wieder über das eigene Erziehungsverhalten nachzudenken und mit dem Partner über die eigenen Erziehungsvorstellungen und -ziele zu sprechen.

Insbesondere dann, wenn das Kind wiederholt ein Verhalten zeigt, das unerwünscht ist, sollten wir uns Zeit nehmen und in Ruhe darüber nachdenken, warum es dieses Verhalten so äußert und warum wir als Eltern es nicht schaffen, das Kind in die gewünschte Richtung zu lenken.

> Erziehung ist mehr als eine Verhaltensveränderung! Erziehung will den Menschen von innen gestalten. Dabei unverzichtbare Werte und soziale Haltungen sind etwa Liebe, Gerechtigkeit, Hilfsbereitschaft, Verantwortungsbewusstsein!

Diese Werte lassen sich durch eine Erziehung durch Strafen kaum erreichen. Daher gilt: Man sollte versuchen, straffrei zu erziehen. Eltern sollten zuerst alle anderen Möglichkeiten prüfen und ausschöpfen.

 **HILFREICHE FRAGESTELLUNGEN BEI DER ERZIEHUNG**

- Welche Werte möchten wir unseren Kindern vermitteln? Was ist uns Eltern besonders wichtig? Was hat mich als Mutter / als Vater besonders positiv geprägt? Was möchte ich weitergeben? Was würde ich gerne anders machen und warum?
- Sind meine/unsere Erwartungen zu hoch (z. B. nicht altersentsprechend, zu viel auf einmal ...) oder dem Entwicklungsstand des Kindes entsprechend?
- Warum zeigt das Kind immer in dieser Situation dieses schwierige Verhalten? Was steckt dahinter?
- Wie reagiere ich, wenn das Kind dieses unerwünschte Verhalten zeigt bzw. das erwünschte Verhalten nicht zeigt? Kann es sein, dass ich es in seinem Verhalten unbewusst bestärke (da ich ihm zum Beispiel dann mehr Aufmerksamkeit schenke, als wenn es sich nicht so verhält)?

- Was hat bereits einmal funktioniert? Wie kann ich mehr von dem machen, was bereits gut funktioniert hat?
- Bin ich bereit, mein eigenes Verhalten zu verändern? Bin ich bereit (mit dem Kind), Kompromisse einzugehen und nicht nur meine eigene Position zu vertreten?
- Wie kann ich zusammen mit dem Kind eine Lösung für das Problem finden?

Meiner Erfahrung nach sollten Sie als Eltern zunächst einmal allein über diese Punkte nachdenken und später Ihr Kind in Ihre Überlegungen einbeziehen. Zumeist möchten Kinder auch etwas verändern, vor allem dann, wenn sie verstehen, was das Ziel ist und was sie dazu beitragen können, um Streit zu verhindern. Die natürlichen Wünsche des Kindes, uns zu gefallen und es gut machen zu wollen, sind sehr hilfreiche Faktoren in diesem Prozess. Wenn Kinder erleben, dass sie Verantwortung bekommen und auch etwas beitragen können, dass sich eine Situation verbessert, sind sie zumeist motiviert, mitzuhelfen. Dies funktioniert aber nur dann, wenn wir offen mit unseren Kindern kommunizieren, wenn sie erfahren, dass wir Eltern ebenfalls bereit sind, unser Verhalten zu verändern, und wenn sie einen Gewinn bzw. Sinn im Ziel erkennen.

# Mit Enttäuschungen umgehen

Kinder wollen alles, was sie sich wünschen, und das möglichst sofort. Es liegt in der Natur des Menschen (des Kindes), möglichst das Beste für sich und seine Situation rausholen zu wollen. Verzicht, Bedürfnisaufschub, Dankbarkeit und Bescheidenheit sind Werte, die wir erst lernen müssen. Und diese Werte stehen oft im Widerspruch zu unseren Grundbedürfnissen.

Viele Kinder, vor allem Kinder unter vier Jahren, können sich nicht gut verbal ausdrücken. Sie drücken ihre momentanen Gefühle heftig und direkt aus. Kleinkinder übertreten ständig die Grenzen ihrer Eltern, da sie ihre eigenen Bedürfnisse und Wünsche verfolgen. Sie können ihre Emotionen noch nicht gut kontrollieren. Gefühle drücken sich unmittelbar im Verhalten aus: Eine Enttäuschung wird zum heftigen Trotzanfall, die Wut zu einem Faustschlag, die Freude zu einem Händeklatschen, die Eifersucht zu einem Wegschubsen der Schwester … Kinder müssen lernen, alle diese Gefühle richtig einzuordnen und angepasste Reaktionen zu zeigen.

In den ersten Lebensmonaten können Kinder ihre Gefühle nur durch ihre wichtigsten Bezugspersonen regulieren. Die Fähigkeit, ihre Gefühle selbstständig zu regulieren, entwickelt sich in den ersten Lebensjahren. Gerade mit Frustrationen umzugehen und Gefühle zu kontrollieren muss man erst lernen. Kleinkinder erleben noch besonders oft frustrierende Momente, da sie häufig mit Grenzen oder Verboten konfrontiert werden.

Wenn ein Kind sich behaupten oder durchsetzen will, setzt es die Verhaltensmuster ein, die es kennt und beherrscht. Es zeigt dabei zuweilen den vollen Körpereinsatz: schreien, kämpfen, weinen, betteln … Es beherrscht noch nicht viele andere Verhaltensmuster, um sich zu wehren oder durchzusetzen, wie etwa mit Worten zu argumentieren, zu verhandeln etc. Sehr schnell zeigen daher Kinder in diesem Alter „aggressive Verhaltensmuster".

## Wie sich Wut entwickelt

Bereits Säuglinge zeigen so etwas wie „rudimentären Ärger", also Unmutsäußerungen bei unangenehmen Erfahrungen (z. B. wenn sie gewaschen werden). Ungefähr ab dem sechsten Lebensmonat reagieren Kinder dann körperlich auf Ärger und Unwohlsein, indem sie z. B. hauen oder beißen. Bei Kindern im Alter von zwei bis fünf Jahren sind Wutanfälle ein normales und grundsätzlich wichtiges Verhalten, da es ihnen hilft, sich für ihre Bedürfnisse einzusetzen. In keinem anderen Lebensalter zeigt der Mensch so oft aggressive Verhaltensweisen wie in diesem Alter. Enttäuschungen führen bei vielen Kindern in dieser Altersgruppe zu eskalierenden körperlichen und verbalen Reaktionen wie sich auf den Boden werfen, weinen, schreien, treten, schlagen und etwas durch die Gegend zu schmeißen. All diese Verhaltensweisen verbinden die Eltern in der Regel mit einem Wutanfall.

> **Das Wissen, dass dieses Verhalten bei Kleinkindern normal ist, kann helfen, mit Geduld und Gelassenheit zu reagieren.**

## Der Entwicklungsstand ist entscheidend

Wie alle Entwicklungsbereiche ist auch die Wut eingebettet in die körperliche, sprachliche, emotionale und intellektuelle Entwicklung. Entsprechend den Entwicklungsfortschritten verändern sich die Möglichkeiten und die Bereitschaft, Wut zu zeigen. Eltern beschreiben, dass sie beobachten können, wie sich die Verhaltensformen und die Bereitschaft zur Wut mit der Entwicklung des Kindes verändert.

Von der Entwicklung des Kindes abhängig ist nicht nur die Bereitschaft und Ausdrucksform der Wut, sondern auch die Fähigkeit, alternative Verhaltensformen auf negative Gefühle zu zeigen. Die Fähigkeit, Lösungen auf einen Konflikt zu zeigen, hängt von der Reife, den Ausdruckmöglichkeiten und Lernfortschritten ab.

# Das Trotzalter und der starke Wille

Eltern staunen immer wieder, wie früh sie bei ihrem Kind so etwas wie einen eigenen Willen erleben. Ein Baby, das den Schnuller nicht nimmt, wird zum Beispiel gerne als „eigenwillig" bezeichnet. Mehr und mehr wollen bereits Kleinkinder Alltagssituation eigenmächtig und erfolgreich meistern: Socken selber anziehen, WC-Spülung betätigen, allein trinken ... Bleiben Erfolge aus oder werden sie gar nicht erst ermöglicht, dann wächst die Frustration.

Sind die Kinder im Alter von zwei bis fünf Jahren, spricht man vom Trotzalter. Allen Eltern, die in dieser Zeit verzweifeln: Es handelt sich nur um eine Phase! Und Wut- oder Trotzanfälle sind dann völlig normal. In der Realität beginnt dieses Trotzalter manchmal bereits früher und endet lange nicht mit fünf Jahren.

Sehr oft höre ich von Eltern: „Unser Kind hat einen ausgeprägten/ überdurchschnittlich starken Willen." Ich bin der Meinung, dass alle (gesunden) Kinder einen unglaublich starken Willen haben. Dies erleben die meisten Eltern immer wieder als sehr anstrengend und herausfordernd. Wie viel positives Potenzial in diesem Willen jedoch steckt, vergessen wir leicht. Dabei ist es gerade dieser (Eigen-)Wille, der die Kinder zu eigenständigen, neugierigen, aufgeschlossenen und starken Kindern werden lässt.

Kinder in diesem Alter wollen lernen, was den Eltern gefällt und was nicht. Dieser Lernprozess erfordert vor allem Deutlichkeit und ständige Wiederholungen. Je mehr Eltern mit den Kindern schimpfen oder sie kritisieren, desto länger dauert dieser Prozess. Das ist bei uns Erwachsenen nicht anders: Je angespannter und negativer ein Lernumfeld ist, desto ungeschickter und gestresster fühlen wir uns und desto länger dauert es, bis wir Neues lernen können.

Das aggressive Verhalten geht bei den meisten Kindern bis zum Alter von fünf Jahren deutlich zurück – bei einigen wenigen Kindern bleibt es jedoch bestehen. Soziologen und Psychologen gehen davon aus, dass eine mangelhafte Erziehung dabei eine entscheidende Rolle spielt. Viele Probleme im Kindes- und Jugendalter sind ihrer Ansicht nach entscheidend dadurch beeinflusst, dass Kinder nicht hinreichend gelernt haben, Gefühle bei sich und anderen zu erkennen oder diese angemessen zu regulieren. Wir Eltern können und sollen dem Kind in Ruhe erklären, warum seine Gefühle es nicht zu Drohungen, Beleidigungen oder gar Taten verleiten dürfen. Gelassen zu bleiben, wenn ein Kind einen Tobsuchtsanfall hat, ist aber ganz schön viel verlangt. Die Intensität der Gefühle hat etwas Ansteckendes. Von den eigenen Gefühlen überflutet oder aus Hilflosigkeit schreiten wir allzu oft genau zu jenen Mitteln, die wir dem Kind „austreiben" möchten: Wir drohen, schreien oder schlagen gar.

> Wie wir mit unseren eigenen Gefühlen umgehen, spielt eine entscheidende Rolle. Zudem dürfen wir nie unterschätzen, dass unser Verhalten entscheidend das Verhalten des Kindes beeinflusst. Kinder lernen, indem sie ihre Eltern kopieren. Sie beobachten genau, wie die Eltern sich verhalten, wenn sie etwas nicht bekommen (z. B. das Kind anders reagiert als gewünscht) oder wenn sie verlieren oder vom Partner enttäuscht werden.

Wenn ein Kind schreit, bringen wir ihm nichts bei, wenn wir es anschreien, damit aufzuhören. Wenn ein Kind seine Geschwister schlägt und uns Eltern dann die Hand ausrutscht, lernt es nicht, mit seiner Wut umzugehen, sondern eher, sich vor uns zu fürchten.

Kinder beim emotionalen Lernen zu begleiten ist eine Herausforderung und sehr anstrengend.

**TIPPS: SO LERNT IHR KIND DEN UMGANG MIT FRUSTRATIONEN**

Bis zum Eintritt in die Grundschule sollte Ihr Kind eine gewisse Frustrationstoleranz aufgebaut haben. Bei manchen Kindern geschieht dies ganz von selbst, andere brauchen auf diesem Entwicklungsweg mehr Unterstützung.

- Unterstützen Sie Ihr Kind dabei zu lernen, mit Frustrationen umzugehen. Eine wichtige Grundregel dafür ist, ruhig und gelassen auf die Enttäuschung zu reagieren. Vor allem bei kleineren Kinder ist es angebracht, sie in solchen Situationen zu trösten (und nicht maßzuregeln!) und Verständnis zu zeigen, dass sie gerade enttäuscht sind. Kinder müssen lernen, dass eine Enttäuschung vorübergeht und die Welt manchmal schon Minuten später wieder ganz anders aussieht.

- Damit Kinder lernen können, mit Enttäuschung umzugehen, sollten wir sie beispielsweise bei einem Spiel nicht einfach gewinnen lassen. Enttäuschungen gehören zum Leben dazu. Wir können jedoch dafür sorgen, dass die Kräfteverhältnisse bei einem Spiel einigermaßen fair sind (z. B. indem wir Tischfußball gegen das Kind mit unserer schwächeren Hand spielen), aber Kinder profitieren weniger, wenn wir sie ständig gewinnen lassen. Zudem durchschauen die meisten sehr schnell, dass wir absichtlich verlieren, und das Erfolgserlebnis verliert somit an Wert.

- Freuen Sie sich über den starken Willen und den kindlichen Drang zur Selbstbestimmung. Dieser Wille wird Ihr Kind einmal weit bringen. Überlegen Sie in den Alltagssituationen, wie Sie den Willen und den Drang, Dinge selber zu machen, positiv nutzen und weiter fördern können.

- Die sogenannte Frustrationstoleranz muss man trainieren. Ebenso muss ein Kind lernen, zu warten oder zu siegen, ohne dabei überheblich zu werden.

- Es ist wichtig, die Kinder Dinge ausprobieren zu lassen, ohne den Anspruch auf ein perfektes Ergebnis oder ein Gelingen zu haben. Lassen Sie Ihr Kind beispielsweise beim Kochen helfen oder gar etwas (z. B. eine Salatsauce, ein Dessert) selber machen, auch wenn das Essen eventuell ungenießbar wird und in der Küche das Chaos Einzug hält.

## Wer will was von wem?

Wir wünschen uns, dass wir bei einem neunjährigen Kind nicht mehr mit Trotzanfällen zu kämpfen haben. Die Realität zeigt jedoch, dass das Trotzalter lange Ausläufer hat und öfter direkt in die Vorpubertät übergeht. Wenn Sie sich nun fragen, ob und wann das überhaupt (ganz) aufhört: wenn das Kind oder der Jugendliche seinen Willen mehrheitlich durchsetzen kann. Genau das unterscheidet das Erwachsenenalter von der Kindheit: Wir Erwachsenen dürfen viel mehr bestimmen als Kinder. Das sollten wir nicht vergessen. Wenn Erwachsene in ihrer Selbstbestimmung eingeschränkt werden, macht sie das ebenfalls wütend und verstärkt den Impuls, sich wehren zu müssen.

Kinder sind viel häufiger der Willkür anderer ausgesetzt als wir Erwachsenen. Wir Eltern sollten es nicht einfach als selbstverständlich ansehen, dass Kinder sich bedingungslos unserem Willen unterordnen. Das Ziel soll sein, dass Kinder mitbestimmen dürfen und zunehmend selbstständiger Entscheidungen treffen. Von Anfang an soll das Kind in seinen eigenen Bedürfnissen und Gefühlen ernstgenommen werden.

## KINDER MÜSSEN SICH HÄUFIGER UNTERORDNEN ALS ERWACHSENE

Lea spielt geschäftig mit ihren Plüschtieren, aber die Eltern finden, dass Schlafenszeit ist. Das Essen schmeckt Theo nicht, aber es gibt nichts anderes. Hans liebt Schokolade, aber diese wird vor ihm weggesperrt. Die große Schwester darf viel mehr, und die Eltern begründen diese vermeintliche Ungerechtigkeit damit, dass sie älter ist. Leonie ist unglaublich müde vom Kindergarten, aber ihre Mama will auf dem Nachhauseweg noch unbedingt einkaufen gehen, und sie muss mit ...

Wenn wir uns vorstellen, wir müssten all das widerstandslos mitmachen: Wie würden wir wohl reagieren? Auch wenn es für Kinder noch selbstverständlicher ist, dass sie sich unterordnen (müssen), erleben sie eine große Anzahl an Enttäuschungen.

Auch jüngere Kinder sollen mitentscheiden dürfen, was sie gerne anziehen, was sie beim Essen eher mögen und was weniger, wann sie sich müde fühlen usw. Das bedeutet nicht, dass sie über alles entscheiden können und man alles mit ihnen aushandeln muss. Viele Dinge im Leben sind nicht verhandelbar. Aber oft gibt es innerhalb vorgegebener Leitplanken einen gewissen Spielraum.

 **EINE KLARE HALTUNG IST GEFRAGT**

Ich sage klar, was verhandelbar ist und was nicht, und ich stelle, wenn möglich, mehrere Auswahlmöglichkeiten zur Verfügung.

Beispielsweise kann am Mittagstisch festgelegt werden, dass man mindestens etwas mit Vitaminen essen muss, das Kind aber wählen darf, ob es lieber Gemüse oder Salat isst. Bei einem fünfjährigen Kind müssen die Eltern vielleicht aufgrund des Wetters darauf bestehen, dass es ein langärmliges Kleidungsstück anzieht, aber es sollte selbst entscheiden können, ob es lieber den roten Wollpullover oder das bunte Hemd anzieht.

# Das verwöhnte Kind – wenn es an Grenzen fehlt!

Ich erlebe in meiner Praxis immer häufiger, dass Eltern unsicher sind, wie sie ihre Kinder richtig erziehen. Sie können zwar genau beschreiben, was sie nicht möchten und welche Ziele sie in ihrer Erziehung erreichen möchten, nicht aber, wie sie zu diesen Zielen kommen.

Aus Angst, die Liebe ihrer Kinder zu verlieren oder vor unangenehmen Konfrontationen, vermeiden Eltern klare Reaktionen bei Fehlverhalten oder geben den Wünschen und Forderungen der Kinder nach. Weil sie verunsichert sind, zeigen sie zu wenig Standhaftigkeit und Klarheit.

Zudem fällt mir zunehmend ein falsches Verständnis von Eltern-Kind-Beziehungen und des Rollenverständnisses auf: In den letzten Jahren hat sich bei vielen Eltern die Meinung breitgemacht, dass sie die besten Freunde ihrer Kinder sein sollten. Das Kind soll möglichst frei von Zwang und vorgegebenen Regeln aufwachsen. Erziehung wird als unangenehm erlebt, als Gefährdung der freundschaftlichen Beziehung zum Kind. Das ist Unsinn und gefährlich. Wir brauchen keine Angst zu haben, dass wir wegen klarer Regeln die Liebe des Kindes verlieren. Liebe bedeutet nicht, dem Kind jeden Wunsch zu erfüllen, sondern in seinem Interesse auch Nein zu sagen.

> **Eltern können und sollen nicht die Freunde ihrer Kinder sein, sondern Wegbegleiter und Weggestalter.**

In dieser Aufgabe als Wegbegleiter geht es um ein ständiges Aushandeln zwischen Grenzen setzen und Freiheiten geben. Es gibt keine starren Vorgaben, an die man sich ein Kinderleben lang halten kann. Gerade dies macht die Erziehungsaufgabe so schwierig. Kinder brauchen Struktur und klare Regeln. Je älter sie werden, desto mehr sollten sie mitentscheiden und Verantwortung übernehmen dürfen – gerade weil sie das können und wollen, wenn man es ihnen zutraut.

Gewisse Regeln und klare Vorgaben bleiben im Jugendalter bestehen – gelten doch auch für uns Erwachsene viele gesellschaftliche Vorgaben und Regeln. Und wenn Sie sich wieder einmal eher als Polizistin denn als Mutter fühlen, nehmen Sie diese Rolle ernst, füllen Sie diese Aufgabe aus und würdigen Sie sie. Selbst wenn Sie sich im Privaten vielleicht zu streng fühlen: Auch unsere Gesellschaft funktioniert nur durch Regeln, die notfalls durch Polizei und Justiz durchgesetzt werden.

## Wenn Kinder mit Wutanfällen ans Ziel kommen

Wenn Kinder kaum Regeln und Orientierung vermittelt bekommen, kann es sein, dass sich die Hierarchie zwischen Eltern und Kind schleichend umkehrt. Plötzlich dirigieren die Kinder, wo es langgeht. Insbesondere dann, wenn Eltern über längere Zeit erleben, dass ihr Kind sie durch Provokationen, Wutanfälle oder Dominanzbestrebungen an Grenzen bringt, verlieren sie mit der Zeit ihre Energie und Geduld. Irgendwann besteht die Gefahr, dass man dann als Eltern nur noch erschöpft nachgibt, um jeglichen Machtkampf zu vermeiden.

Die Eltern haben kapituliert. Allerdings ist die Erleichterung, nachgegeben zu haben, nur von kurzer Dauer: Umso heftiger wird das Kind in Zukunft seine eigenen Forderungen und Interessen durchsetzen wollen und umso rascher wird es alle möglichen Mittel einsetzen, um ja zu seinem Ziel zu kommen.

Erinnern Sie sich an die beschriebenen manipulativen Wutausbrüche? „Wenn ich laut genug schreie und tobe, kriege ich, was ich will." Wenn ein Kind tatsächlich wiederholt erlebt, dass es mit diesen lauten und heftigen Verhaltensweisen zu seinem Ziel kommt, lernt es, dass dies ein erfolgreiches Verhaltensmuster ist. Es erfährt: „Ich bin der Boss hier!"

> Verhaltensweisen, die zum Erfolg führen, werden wiederholt, Verhaltensweisen, die zu keinem Ziel oder gar Misserfolg führen, werden abgebaut.

Besonders problematisch wird es, wenn ein Kind nur dann seine Ziele erreicht, wenn es lauthals schreit, tobt oder provoziert. Wenn es sonst keine oder kaum Beachtung bekommt und keine anderen, angemessene Wege kennt, wie es seine Ziele erreichen oder seine Bedürfnisse befriedigen kann, dann wird es kein anderes Verhalten zeigen können. In so einem Fall fehlt es an alternativen Verhaltensmöglichkeiten, die jedoch dringend aufgebaut werden sollten.

Das Beziehungsleben ist sehr komplex, und oft kommt es vor, dass wir uns in komplizierten und teilweise negativen Beziehungsmustern verstricken. Ohne Absicht und ohne uns dessen bewusst zu sein, geraten wir Eltern manchmal in Erziehungs- und Beziehungsfallen, die das negative Verhalten eines Kindes aufrechterhalten oder gar provozieren. Eine solche typische Erziehungsfalle heißt in der Fachsprache „Erpresserspirale".

Eine Erpresserspirale kann in etwa wie folgt aussehen:
- Sie fordern Ihr Kind zu etwas auf → Ihr Kind reagiert nicht.
- Sie fordern lauter und deutlich → Ihr Kind reagiert immer noch nicht.
- Sie schreien oder drohen → Ihr Kind reagiert.

Ausgangspunkt ist oft ein störendes Verhalten des Kindes, z. B. dass das Kind nicht gehorcht. Auf eine normale Ansprache der Eltern reagiert das Kind nicht, was dazu führt, dass die Eltern eventuell nachgeben oder im nächsten Schritt heftig (laut, drohend, strafend) reagieren. Das Kind seinerseits reagiert ebenfalls heftig auf diese Intervention. Der Prozess ist sozusagen eskaliert, da sich Kind und Eltern gegenseitig immer stärker unter Druck setzen. Im Extremfall endet die Eskalation in einer Misshandlung des Kindes.

Diese beiderseitigen Beziehungsmuster basieren auf Lernprozessen: Das Kind hat gelernt, die Eltern durch schwieriges Verhalten (Wutanfall, Aggression) zum Nachgeben zu zwingen, während die Eltern gelernt haben, ab und zu nachzugeben, damit das unangenehme Verhalten des Kindes wenigstens vorübergehend aufhört. Oder die Eltern haben umgekehrt gelernt, dass das Kind dann nachgibt, wenn man es nur hart genug dazu zwingt. Eltern und Kind fallen immer wieder in diese negativen Interaktionsmuster zurück, und die Beziehung zwischen beiden leidet immer mehr.

 **TIPPS: DER RICHTIGE UMGANG BEI ERPRESSUNG**

- Wenn Wutanfälle manipulativ eingesetzt werden (oft unbewusst!), ist eine selektive Aufmerksamkeit sehr hilfreich. Dies bedeutet: Zuwendung bei positiven Verhaltensweisen und bewusstes Ignorieren der negativen Verhaltensweisen. Das heißt: Schenken Sie Ihrem Kind nicht dann Ihre Aufmerksamkeit, wenn es schreit und tobt, sondern erst dann wieder, wenn es sich beruhigt hat und in einigermaßen normalem Tonfall sagt, was es gerade braucht.

- Sie können lernen, die sogenannten Erpresserspiralen an verschiedenen Stellen zu durchbrechen. Das ist bei „schwierigen Kindern" eine größere Herausforderung, da diese besondere Erziehungskompetenzen brauchen. Notfalls sollten Sie sich dazu professionelle Hilfe suchen.
- Bleiben Sie gegenüber erpresserischen Forderungen Ihres Kindes standhaft. Möglicherweise wird es alle möglichen Register ziehen, um Sie umzustimmen: schreien, drohen usw. Wenn Sie jedoch in diesen Momenten nachgeben, geht Ihr Kind als „Sieger" aus der Situation heraus und wird genau dieses Verhalten bei seiner nächsten Forderung wieder zeigen.
- Lassen Sie sich nicht in die Eskalation hineinziehen, sondern bleiben Sie ruhig. Es bringt nichts, in diesem Moment zu predigen, zu ermahnen oder gar zu drohen. All das erreicht im Moment eines Wutausbruchs Ihr Kind nicht, sondern kurbelt die Dynamik nur noch mehr an. Sehr bewährt hat sich zu schweigen und verzögert zu reagieren.

## Kinder brauchen klare Grenzen

In den ersten Lebensmonaten ist es fundamental, die Bedürfnisse nach Schutz, Nahrung und Zuneigung bedingungslos zu befriedigen. Nicht nur damit Kleinkinder überhaupt überleben, sondern damit sie sich sicher fühlen und ein Urvertrauen in andere Menschen aufbauen können. Diese kindlichen Bedürfnisse müssen absolut verlässlich und zunächst vollumfänglich befriedigt werden, damit sich ein Kind gesund entwickelt.

> Alle Menschen handeln ihren Bedürfnissen entsprechend – auch Kinder!

Erst nach und nach können Kleinkinder lernen, dass andere Menschen auch Bedürfnisse haben oder Dinge gefährlich sein können und es (daher) Grenzen gibt. Kinder müssen lernen, ihre Bedürfnisse aufzuschieben, die Bedürfnisse anderer wahrzunehmen und die Grenzen anderer und auch eigene Grenzen zu respektieren. Dies ist ein langer Weg. Manch Erwachsener hat noch immer Mühe, angemessen die Bedürfnisse anderer Menschen oder die eigenen wahrzunehmen und zu berücksichtigen!

 **DESHALB SIND KLARE GRENZEN WICHTIG**

Damit Menschen ihre Bedürfnisse und die anderer angemessen wahrnehmen können und einen guten Umgang damit lernen, brauchen sie klare Grenzen. Diese sind aus folgenden Gründen wichtig:

- Grenzen bieten Schutz. Ohne oder bei zu wenig Grenzen sind Kinder gefährdet, sich selber oder jemanden anderen zu schaden. Kinder können oft noch nicht das volle Ausmaß ihres Handelns einschätzen.
- Grenzen sind notwendig, um Ordnung aufrechtzuerhalten, das Zusammenleben zu sichern und gemeinsam Regeln verbindlich zu machen.
- Grenzen geben Halt und Sicherheit. Auf Eltern, die angemessene Grenzen setzen, kann sich ein Kind verlassen, da sie im richtigen Moment die Verantwortung übernehmen.
- Grenzen zeigen den Handlungsspielraum auf (von hier bis hier hast du Freiraum, ab hier bestimme ich). Dadurch bekommen Kinder eine Orientierung.
- Eltern übernehmen ihre Verantwortung und zeigen auf, dass sie verantwortungsbewusst und aus der Erfahrung eines Erwachsenen heraus handeln und entscheiden.

**Es gibt Grundregeln, die wir beim Setzen von Grenzen beachten sollten:**

**1. Die Grenzen müssen dem Alter angepasst sein.** Grenzen und Vorgaben braucht es vor allem dann, wenn ein Kind eine Aufgabe noch zu wenig selbstständig und verantwortungsvoll lösen kann. Damit Lernprozesse und Entwicklungsschritte gemacht werden können, muss gleichzeitig ein gewisses Maß an Eigenerfahrung zugelassen werden. Denn niemand lernt etwas, wenn er nicht selbst Erfahrungen machen oder ausprobieren darf. Es ist klar: Je älter ein Kind wird, umso mehr kann es einen verantwortungsvollen Umgang lernen, umso mehr darf und soll ihm zugetraut werden, allein deshalb, weil es die Welt kognitiv besser versteht, mehr wahrnehmen kann, selbstständiger wird etc.

**2. Jedes Kind braucht andere Grenzen.** Man kann nicht jedes Kind gleich erziehen; Kinder brauchen unterschiedliche Erziehungsmethoden, da sie unterschiedlich schnell lernen und verstehen. Es ist daher nicht sinnvoll, für alle Kinder die gleichen Grenzen zu setzen. Ein Kind ist vielleicht schon sehr selbstständig, ein anderes braucht mehr Grenzen, um es zu schützen, und hat daher auch noch nicht die gleichen Privilegien. Da spielen das Alter des Kindes, seine Persönlichkeit, seine Reife eine Rolle. Für das Familienleben bedeutet das ganz klar, dass man nicht alle Kinder gleich behandeln darf. Dies wird von den Kindern teilweise als ungerecht empfunden. Man kann es ihnen aber gut erklären.

**3. Eltern müssen aushalten können.** Kinder brauchen und suchen die Erfahrung von Grenzen. Wenn Eltern dem Kind Grenzen setzen, wird es sich dagegen auflehnen und alles daransetzen, seine Bedürfnisse und seinen Willen durchzubringen. Nicht weil es mich als Mutter oder Vater schikanieren will, sondern, weil es etwas anderes will als ich. Dann ist es wichtig, dass Eltern das Verhalten des Kindes nicht persönlich nehmen. Sie müssen seine Frustration und Wut aushalten.

Manchmal sind Eltern ihren Kindern gegenüber nicht klar genug, weil sie Angst vor einer schlechten Stimmung haben oder gar davor, die Liebe des Kindes zu verlieren. Wenn das geschieht, verlieren Eltern mit der Zeit jedoch die Glaubwürdigkeit, geben dem Kind nicht mehr den nötigen Rahmen und letztlich auch zu wenig Halt. Liebe geben heißt Halt und Rahmen anbieten. Und: Das Kind muss das nicht immer genauso sehen, das können Eltern nicht erwarten (jedenfalls noch nicht im Moment). Es gehört also zu unserer Erziehungsaufgabe, Wut, Frustration, Ablehnung auszuhalten.

**4. Erklären Sie Ihrem Kind, warum Sie an dieser Grenze festhalten.** Sie können nicht erwarten, dass das Kind Ihre vorgegebenen Grenzen versteht oder sogar mit ihnen einverstanden ist. Aber Erklärungen ermöglichen längerfristig Lernprozesse. Immer wieder stelle ich fest, dass ein Kind oft sehr viel später zum Beispiel dem jüngeren Bruder oder der Schwester praktisch in meinen Worten erklärt, warum dies oder jenes so nicht geht.

**5. Seien Sie klar.** Es ist wichtig, dass wir klar zu unseren Grenzen und Erziehungsvorstellungen stehen. Kinder spüren unsere Unsicherheit sofort und testen dann umso stärker, ob es uns ernst ist. Ganz ungünstig ist es, wenn ich in dem Moment völlig von meiner eigenen Grenze abweiche und aufgrund des schwierigen Verhaltens des Kindes überfordert bin. Als Mutter erlebe ich ab und zu, dass ich durch die Proteste meiner Kinder unsicher werde, ob ich etwas so durchziehen will. Dann muss ich vielleicht für mich oder zusammen mit meinem Mann überprüfen, ob diese Grenze (z. B. die Schlafenszeit) verändert werden muss. Es ist okay, wenn ich etwas für mich überprüfe, dennoch sollte ich in dem Moment, in dem ich etwas verlange, auch sicher sein, dass ich das so will und diese Erwartung an das Kind stellen kann. Nur dann kann ich mit Klarheit und Standhaftigkeit die Grenze einfordern.

**6. Kompromisse sollen möglich sein. Halten Sie nicht einfach starr an einer Grenze fest.** Ich höre oft von Eltern, dass sie Angst haben, die „Kontrolle" zu verlieren. Es geht aber nicht darum, von den eigenen Erziehungsprinzipien abzuweichen, sondern darum, nicht in einem Machtkampf mit dem Kind zu enden. Wenn Sie merken, dass es eigentlich nicht mehr um die Sache an sich geht (z. B. gesundes Obst und damit Vitamine zu essen), sondern nur noch darum, ob Sie oder das Kind das letzte Wort haben oder sich durchsetzen, dann wäre es wichtig, wieder zum eigentlichen Ziel zurückzukehren. Die Botschaft muss dabei klar bleiben. Zum Beispiel: „Wir möchten, dass du genug Vitamine isst." Bereits bei kleineren Kindern ist es hilfreich, innerhalb des Vorgegebenen eine gewisse Auswahl zuzulassen: „Möchtest du lieber Salat, Rohkost oder gekochtes Gemüse zu den Nudeln?" Das Kind hat somit eine Entscheidungsmöglichkeit, kann seinen Willen einbringen, und ich als Mutter erreiche, dass es Vitamine zu sich nimmt.

**7. Weniger ist oft mehr.** In der Erziehungsberatung empfehle ich den Eltern oft, sich gut zu überlegen, welche Erziehungsziele ihnen wirklich am Herzen liegen und welche Grenzen sie setzen möchten. Es ist wichtig zu überprüfen, ob wir nicht zu viel von den Kindern verlangen. So kann es geschehen, dass wir es nur noch kontrollieren oder schimpfen. Das belastet die Eltern-Kind-Beziehung sehr und fühlt sich sowohl für die Eltern (handeln quasi nur noch als Polizisten) und für die Kinder (werden ständig gemaßregelt) schlecht an. Was ist uns wirklich wichtig? Der Lernprozess beim Kind ist besser, wenn wir an einigen wenigen Erziehungszielen arbeiten, dafür aber richtig. Sobald etwas gut eingeübt ist, kann das nächste Ziel verfolgt werden. Lassen Sie lieber mal etwas fallen, halten dafür umso klarer an einem konkreten Ziel fest.

**8. Das muss ich mir erst noch überlegen!** Mein ältester Sohn konfrontierte mich, je älter er wurde, immer öfter mit Wünschen, die bei mir zuerst Ablehnung oder mütterliche Angst auslösten, z. B. als er zum ersten Mal fragte, ob er bis um Mitternacht ausgehen darf. Bisher waren die Ausgehzeiten klar, und meine erste Intention war, an dieser Grenze festzuhalten. Alle vernünftigen Überlegungen sprachen dafür. Ich erlebte aber, dass es manchmal sinnvoll ist, nochmals über alles in Ruhe nachzudenken und mit meinem Mann über unsere Regeln zu sprechen. Als erste Reaktion habe ich mir daher den Standardsatz „Das muss ich mir erst noch überlegen!" angewöhnt. Dieser Satz ermöglicht Zeit zum Nachdenken und Besprechen und nimmt Druck aus der momentanen Situation. Und spannenderweise erledigt sich ab und zu ein Anliegen bzw. Bedürfnis des Kindes von selbst, ohne dass ich etwas verändern muss (z. B. weil die Freunde noch nicht so lange ausgehen dürfen).

## Verwöhnt oder nichts zugetraut?

Haben Sie auch schon beobachtet, dass viele Erwachsene (Nachbar, Lehrperson, Patin, Onkel etc.) fremden Kindern mehr zutrauen und mehr Verantwortung übergeben als den eigenen?

Was zeigt uns das? Es macht deutlich, dass es bei den Themen Loslassen und Vertrauen nicht unbedingt um das Kind selbst und seine Fähigkeiten geht. Es hat auch nicht unbedingt mit mangelndem Vertrauen in unsere eigenen Kinder zu tun, sondern mit unserer Rolle und unseren Aufgaben als Eltern.

Mit der Geburt eines Kindes übernehmen wir zwangsläufig eine neue Rolle, und es wird zu unserer Aufgabe, zunächst die vollständige Verantwortung für dieses neue Wesen zu übernehmen. Frischgebackene Eltern spüren unweigerlich, wie stark dieser Säugling sie braucht und an sich bindet und dass sie ab diesem Zeitpunkt für immer verantwortlich für das Kind sein werden. Diese Aufgaben stellen sich quasi von selbst ein und sind unvermeidbar. Was man hingegen wieder lernen muss, ist: loszulassen und zu vertrauen!

Am besten gelingt uns das, wenn wir erkennen, dass Verantwortung zu übernehmen und Verantwortung abzugeben nicht zwei Prozesse sind, die nacheinander oder sich gegenseitig ausschließend erfolgen, sondern dass es ein ständiges Aushandeln von Abgeben und Übernehmen ist. Wichtig ist, dass wir unser Kind sensibel wahrnehmen und darauf vertrauen, dass es seinen Weg gehen wird.

> Wir Eltern laufen Gefahr, zu viel Verantwortung für unsere Kinder zu übernehmen. Wenn Eltern ihrem Kind aus lauter Sorge keine Enttäuschungen zumuten möchten, dann wirkt sich das verheerend für das Kind aus.

Bei ganz praktischen Dingen ist es gut nachvollziehbar, dass Eltern die Aufgaben ihrer Kinder übernehmen. Und bei Zeitdruck ist es oft schwierig, die Geduld zu bewahren, wenn sich das Kind in Zeitlupentempo anzieht. Eventuell muss dann in Kauf genommen werden, dass es sich unpassend anzieht oder zwei verschiedene Paar Schuhe anhat usw. In solchen Situationen übernehmen Eltern nicht nur die Verantwortung, sondern auch das tatsächliche Ausführen. Aussagen oder Gedanken wie „Ich habe jetzt keine Zeit und keine Geduld", „Hinterher muss ich es doch selbst machen" oder „Wenn ich helfe, geht es schneller" rechtfertigen oft, dass wir die Verantwortung übernehmen. Das hindert aber die Selbstständigkeitsentwicklung des Kindes und bringt sie um wichtige Erfolgserlebnisse.

**WER KOMMT EIGENTLICH ZU SPÄT ZUR SCHULE?**

Eine Mutter klagt, dass sie am Morgen vor dem Schulbeginn großen Stress und oft Streit mit ihrer Tochter habe. Sie müsse die zehnjährige Lena immer antreiben und ihr praktisch alles bereitlegen, und trotzdem verlasse sie oft sehr knapp das Haus. Die Tochter sei dann nicht mal dankbar, sondern reagiere sehr gereizt bis wütend auf ihre Ermahnungen, sich zu beeilen.

Warum hat eigentlich die Mutter den Stress und übernimmt die Verantwortung dafür, dass die Tochter pünktlich in die Schule kommt? Die Mutter hat verpasst, diese Verantwortung an ihr Kind abzugeben. Somit liegt der ganze Stress bei ihr selbst, die Tochter hat die „bequemere" Rolle. Wirklich zufriedenstellend ist die Situation aber auch nicht für Lena, denn es ist letztlich nicht ihr Verdienst, pünktlich in der Schule zu sein.

Problematisch ist, dass diese Verhaltensmuster oft aufrechterhalten bleiben, obwohl man sich jeden Morgen aufs Neue streitet. Was würde geschehen, wenn Lena einmal, zweimal oder vielleicht auch mehrfach zu spät kommt? Wahrscheinlich wird der Lehrer mit Lena sprechen und ihr klarmachen, dass es für sie Konsequenzen hat, wenn sie weiterhin zu spät kommt.

**WER HAT AM ENDE KEINE FRISCHE WÄSCHE?**

Eine Mutter klagt, dass sie jeden Freitag mit ihrem 15-jährigen Sohn Felix streitet, da er die Wäsche nicht wie vereinbart in den Waschkorb legt und schlussendlich doch wieder sie die stinkende Wäsche mühsam unter dem Bett hervorholen müsse. Mahnen, schimpfen und streiten bringe nichts.

Als Therapeutin frage ich bei solchen Erzählungen immer „Warum liegt der Stress bei Ihnen als Mutter oder Vater und nicht bei Ihrem Kind?"

Die Abmachung zwischen Mutter und Felix scheint klar: Wer frisch gewaschene Wäsche will, soll diese bis zum Freitagmorgen in den Wäschekorb legen. Felix kann erst dann lernen, was es bedeutet, wenn er sich nicht an diese Abmachung hält, wenn er eine Notwendigkeit erkennt, sich daran zu halten. Bereits eine Woche nachdem die Mutter die Wäsche nicht mehr zusammengesucht hatte, merkte Felix, was es heißt, ohne frische Unterwäsche zu sein, und warum es wichtig ist, die Schmutzwäsche in den Korb zu legen.

> Solange der Stress nur bei den Eltern liegt, haben Kinder keinen Druck und keine Motivation, etwas zu verändern. Sie müssen direkt selbst erfahren, welche Konsequenzen ihr Handeln oder Nichthandeln hat, sonst können sie nicht verstehen, um was es geht!

Auch wenn das Ziel „Verantwortung abgeben" in der Theorie einfacher klingt als im Alltag: Die beiden Beispiele zeigen, dass es sich lohnt zu überlegen, wie dies gut gelingen kann. Abzugeben und zuzulassen ist oft nicht der einfachste Weg, denn wir müssen uns auf Diskussionen (bereits mit Kleinkindern) einlassen, einiges geduldig aushalten und oft zuerst mit weiteren Einbußen (Zeitverlust etc.) rechnen. Aber es lohnt sich auf jeden Fall längerfristig. Hilfreich ist sicherlich, wenn Sie als Eltern klar vor Augen haben, wo es Spielraum gibt und wo nicht.

**TIPPS: WIE SIE LERNEN, IHREM KIND MEHR ZUZUTRAUEN**

- Hinterfragen Sie Ihr eigenes Verhalten: Was wäre das Schlimmste, das passieren könnte, wenn Sie Ihrem Kind mehr zumuten würden? Was sind Ihre Befürchtungen bei solchen Situationen?
- Trauen Sie Ihrem Kind möglichst viel zu. Lassen Sie es zum Beispiel selbstständig einkaufen gehen. Dies verschafft ihm Erfolgserlebnisse (Ich habe es selber geschafft!) und stärkt es für neue Herausforderungen. So wächst das Selbstvertrauen!

# Wenn ein Kind nicht (mehr) gehorcht

Wenn Eltern bei mir Beratung suchen, weil ihr Kind „zu wenig gehorcht" und es auf alle elterlichen Forderungen mit Wut reagiert, stelle ich häufig fest, dass die Eltern-Kind-Beziehung stark belastet und von negativen Interaktionen geprägt ist.

Typische Merkmale sind gegenseitige Abwertungen und Machtkämpfe. Beide Seiten (Eltern und Kind) beklagen sich, dass die andere Seite sie nicht höre und nicht verstehe.

Eltern müssen zunächst erkennen, dass dieses Empfinden eine Gegenseitigkeit ist. Häufig nehmen sie nur noch die negativen Reaktionsweisen des Kindes wahr, kooperatives und positives Verhalten wird als selbstverständlich angesehen. Genauso erleben es aber die Kinder: Sie beschreiben bzw. nehmen wahr, dass die Eltern sowieso nur unzufrieden mit ihnen sind, dass sie nichts rechtmachen können bzw. wenn sie mal etwas rechtmachen, es niemand sehe.

## TYPISCHE AUSSAGEN VON KINDERN

- „Mama, bei dir bekomme ich immer nur eins aufs Dach."
- „In euren Augen mache ich sowieso alles falsch."
- „Wenn ich mein Bett mache, kommt meine Mutter und macht es so, wie sie es sich vorstellt, noch einmal. Warum sollte ich noch das Bett machen, wenn es nicht gut genug ist, wie ich es mache?"
- „Der Papa hat mich nicht lieb. Nie nimmt er sich Zeit für mich. Und wenn er mal da ist, schimpft er nur mit mir."
- „Beim Spielen ist die Vase kaputtgegangen. Ich habe es überhaupt nicht extra gemacht. Aber Mama und Papa sagen, ich sei schuld. Immer geben sie mir die Schuld."

Solche oder ähnliche Aussagen deuten auf ein Missverhältnis zwischen positiven und negativen Aussagen oder zu viel Verantwortungsübernahme der Eltern hin. Positive Interaktionen werden an Bedingungen geknüpft und werden somit immer seltener.

## TYPISCHE AUSSAGEN VON ELTERN

- „Warum sollte ich dir eine Gutenachtgeschichte vorlesen, wenn du vorher so ungehorsam warst?"
- „Ich helfe dir sicher nicht bei den Hausaufgaben, wenn du mich immer so ungeduldig anschnauzt."
- „Immer muss ich alles zehnmal sagen, bis du machst, was ich will. Ich habe jetzt auch keine Lust, mit dir zu spielen."
- „Ich habe dir ja gleich gesagt, dass das so nicht geht. Aber auf mich willst du ja nie hören."
- „Hier bin immer noch ich der Chef im Haus. Wenn du nicht sofort das machst, was ich von dir erwarte, kannst du etwas erleben."

Eltern und Kind sind in eine gegenseitige Erpresserspirale geraten. Dieses Interaktionsmuster ist keine freudvolle, entspannte Beziehung, sondern ein endloser Machtkampf. Eltern versuchen, ihre Kinder durch Strafen zum Gehorchen zu zwingen, Kinder widersetzen sich diesem Zwang, indem sie nicht gehorchen.

Dieser Kampf schadet der Beziehung und der Erziehung!

Aus einer Außenperspektive lässt sich erkennen: Es geht nicht mehr um die Sache selbst. Es geht nicht ums Aufräumen, um Ins-Bett-Gehen oder um Anstand. Es geht auch nicht mehr um die Bedürfnisse der Eltern (z. B. nach Ruhe, Hygiene oder Sicherheit). Und es geht schon gar nicht mehr um die Bedürfnisse des Kindes nach Respekt, Selbstbestimmung und Mitsprache. Es geht darum, dass keiner das Gesicht verliert bzw. keiner klein beigibt.

Sie wissen bestimmt aus eigener Erfahrung: Kinder sind knallhart in diesem „Kampf". Sie möchten ebenfalls nicht das Gesicht verlieren. Eigentlich gesunde menschliche Bedürfnisse wie Autonomie, Selbstbestimmung und Durchsetzungskraft werden zu Waffen im Kampf gegen den Willen der Eltern. Es liegt aber nicht (und schon gar nicht einzig) an den Kindern, ihr Verhalten zu verändern, sondern in der Verantwortung der Eltern, das Interaktionsmuster zu durchbrechen. Helfen Sie Ihrem Kind durch Alternativangebote, aus der Situation rauszukommen, ohne das Gesicht zu verlieren. Auch hier gilt: Der Flexiblere führt.

> **Der Weg ist nicht, dass das Kind sein Verhalten endlich mal ändern soll, sondern: Wir als Eltern sind entschlossen, unser Verhalten dem Kind gegenüber zu verändern und unsere Beziehung zueinander zu verbessern.**

Um das Verhältnis zum Kind zu verbessern, ist es hilfreich, wenn man eine Außenposition einnimmt und sich in Ruhe Gedanken über die gemeinsame Beziehung macht.

**FRAGEN, DIE HELFEN, ÜBER DIE BEZIEHUNG ZU IHREM KIND NACHZUDENKEN**

- Wie können wir freudvolle gemeinsame Zeit verbringen? Wie können wir positive Momente zusammen erleben, die nicht an Bedingungen geknüpft sind?
- Was macht meinem Kind Freude? Wie zeige ich ihm am besten mein Interesse?
- Wann bin ich im Beisein meines Kindes entspannt und ausgeglichen? Wie kann ich diesen Zustand am besten erreichen? Wie gewinne ich an Gelassenheit?
- Wie gelingt es mir, Distanz und Abstand zu schaffen, wenn die Situation eskaliert?
- Welche Rituale möchten wir einführen, die uns allen Freude bereiten?
- Was macht mein Kind alles gut? Führen Sie ein Tagebuch, in dem Sie die erfreulichen Seiten Ihres Kindes nennen.
- Wo können wir als Eltern Kompromisse eingehen, und wo braucht es klare, faire Grenzen?
- Bin ich bereit, meinem Kind etwas zu geben bzw. entgegenzugehen, ohne eine Gegenleistung zu erwarten?
- Was sind die Anliegen und Bedürfnisse meines Kindes?
- Wo sind meine Grenzen? Kennt mein Kind meine persönlichen Grenzen? Machen Sie Ihre Grenzen klar, ohne dabei laut oder aggressiv zu werden.
- Woran merkt mein Kind, dass es mir ernst ist?
- Woran merkt es, dass ich es verstanden habe?
- Welche Lösungsvorschläge und Ideen hat mein Kind?

# Wut als Brücke zu sich und anderen

Ein Wutanfall ermöglicht, den Gefühlen freien Lauf zu lassen und den Schmerz, die Enttäuschung, die Verzweiflung, die Hilflosigkeit oder was auch immer darin steckt, zu spüren und zu zeigen. So kann ein Wutanfall einen emotionalen Gewinn bedeuten. Manche Eltern beschrieben, dass sie das Gefühl hatten, als ob ihr Kind einen Wutanfall so „richtig auskosten" würde. Gerade bei etwas älteren Kindern (ab acht Jahren) dauern Wutanfälle oft länger als bei jüngeren. Während beispielsweise Dreijährige in der Regel heftige, aber nur kurze Wutanfälle haben, haben manche älteren Kinder, so berichten mir Eltern, Anfälle, die sogar über zwanzig Minuten dauern. Dies mag verschiedene Gründe haben. Zum Beispiel, dass der Wutanfall bereits zu einer Gewohnheit wurde oder dass das Kind gelernt hat, mit einem Wutanfall etwas erreichen zu können.

Wutanfälle wirken nach außen unkontrolliert, so als ob sich derjenige nicht mehr spürt. Doch oft ist genau das Gegenteil der Fall. Das Verhalten mag unkontrolliert sein, aber die Heftigkeit der Gefühle bei einem Wutanfall ermöglicht, dass man sich selbst sehr genau wahrnimmt.

Auch wenn Sie meinen, dass Ihr Kind keinen sichtbaren Gewinn mit seinem Anfall erreicht, da Sie bewusst nicht nachgeben, muss man bedenken, dass ein Wutanfall trotzdem einen „inneren Gewinn" haben kann. Mögliche emotionale Gewinne sind: Stolz, Genugtuung oder das Gefühl, Gerechtigkeit wiederhergestellt zu haben. Wenn mein Ehemann beispielsweise mitbekommt, dass es mich wütend macht, wenn er mich zu lange warten lässt, dann empfinde ich dabei möglicherweise eine Genugtuung.

Mit dem Empfinden von Wut wird ein intensiver Kontakt zu sich selber hergestellt. Wut führt sozusagen zu einer Stimulierung – das Kind spürt sich selber ganz intensiv. Und abgesehen von der Stimulierung kann ein emotionaler Anfall letztendlich zu einem inneren Spannungsabbau führen.

Eltern von älteren, zumeist pubertären, Kindern beschreiben, dass das sogenannte „Schmollen" (sich beleidigt zurückziehen) nach dem Wutanfall von ein paar Minuten bis zu einigen Stunden dauern kann. In dieser Zeit nach dem Wutanfall beschäftigen sich Jugendliche auf eine besondere Art und Weise mit dem inneren Erleben ihrer selbst. Das Sichzurückziehen und teilweise Regredieren (Zurückfallen in kindliche Verhaltensweisen) ermöglicht eine Auseinandersetzung mit den eigenen Emotionen, aber auch eine Art Zuwendung zu sich selbst, z. B. in Form von inneren Dialogen oder gar einem Pläneschmieden, wie man sich in zukünftigen ähnlichen Situationen verhalten möchte. Aus meiner Sicht haben solche „Schmollphasen" sogar eine ganz wichtige Funktion: Sie sind eine Art Übung, um für die eigenen Bedürfnisse und Wünsche einzustehen. Diese Form von Kontakt zu sich selbst kann durchaus als Gewinn gewertet werden, wenn diese inneren Prozesse im sonstigen Alltag nicht oder kaum stattfinden können.

Ein Wutanfall gibt einem das Gefühl, lebendig, vielleicht auch stark und unverwundbar zu sein. Es ist oft die einzige Möglichkeit, darauf hinzuweisen, dass die Bedürfnisse zu kurz kommen.

**BIETEN SIE ANDERE MÖGLICHKEITEN
FÜR DIE SELBSTWAHRNEHMUNG AN**

- Ermöglichen Sie Ihrem Kind, „Dampf abzulassen".
- Kinder brauchen viel Körperkontakt; je jünger sie sind, umso mehr. Manche mögen eine beruhigende Massage, andere lieber ein leichtes Abklopfen des Körpers. Suchen Sie ein Ritual, mit dem Sie regelmäßig mit Ihrem Kind in Kontakt kommen und bei dem es Ihre Nähe spürt.
- Achten Sie darauf, dass Ihr Kind viel Bewegung hat. Ein regelmäßiger Waldspaziergang oder ein Fangspiel macht nicht nur Spaß, sondern hat eine heilsame Wirkung.

## Wutanfälle sind oft Beziehungsangebote

So wie ein Streit lustvoll sein kann, da man dabei mit dem Gegenüber in Kontakt kommt, so ermöglichen Wutanfälle, dass ich etwas beim anderen bewirken kann.

> Viele Eltern erleben den Wutanfall ihres Kindes zunächst mal als Ablehnung und Zurückweisung ihnen gegenüber. In den meisten Fällen ist ein Wutanfall aber ein Beziehungsgeschehen: „Sieh mal, was du bei mir angerichtet hast!", „Ich bin enttäuscht von dir!", „Nimm mich wahr!" können mögliche durch einen Wutanfall geäußerte Wünsche an das Gegenüber sein.

Ein Wutanfall erzwingt eine Reaktion des Gegenübers. Kinder erlernen sehr schnell, was sie sagen und tun müssen, um in Kontakt zu kommen. Auch wenn dieser Kontakt negativer Art ist. Auf Beziehungsangebote können wir nicht nicht reagieren; selbst wenn ich einfach davonlaufe, signalisiere ich mit meinem Verhalten etwas.

### KLARE UND ZIELGERICHTETE BOTSCHAFTEN HELFEN

Wenn wir davon ausgehen, dass das Kind mit seinem Wutanfall Aufmerksamkeit oder gar eine Form der Zuwendung sucht, dann können klare Botschaften helfen. Wichtig ist, dem Kind gegenüber auszudrücken, dass wir zwar das Verhalten so nicht tolerieren können, aber durchaus sehen oder spüren, dass das Kind in Not ist. In etwa so: „Ich sehe dich, ich sehe, dass du gerade enttäuscht oder verzweifelt bist, aber ich toleriere nicht, wie du dich mir gegenüber verhältst (mich anschreist, mich mit Dingen bewirfst …)."

# Wenn die Angst schreit und die Wut schweigt

In diesem Buch habe ich bisher vorwiegend über „laute Wutausbrüche" geschrieben. Nicht alle Menschen jedoch drücken ihre Wut und die damit verbundenen Gefühle durch Gebrüll und Türenknallen aus. Manchen wirken „nur" sehr angespannt, wieder andere brechen in Tränen aus. Zudem gibt es Menschen, bei denen die Haut – oftmals sehr heftig – ausschlägt. An Hals und anderen Körperstellen zeigen sich rote Flecken, oder manche Hautpartien beginnen heftig zu jucken. Gefühle zu unterdrücken hat einen hohen Preis: Ängste, psychosomatische Beschwerden wie zum Beispiel Bauchschmerzen ohne körperlichen Grund oder gar eine depressive Entwicklung können die Folge sein.

Die Erfahrung zeigt, dass Menschen, die zu Ängsten neigen, zumeist freundliche und friedliebende Verhaltensweisen zeigen. Sie scheinen aggressionsfreier zu sein und deutlich weniger oft Wutanfälle zu zeigen. Was auf den ersten Blick wünschenswert ist, hat einen hohen Preis: Diese Menschen setzen sich durch ihre eigenen Moralvorstellungen dermaßen unter Druck, dass sie sogar möchten, dass ihre Gefühle perfekt und aggressionslos sind. Wenn doch einmal ein Wutanfall „durchbricht", wird dieser als persönliches Versagen erlebt und durch Selbstabwertung in Form von Vorwürfen und Beschimpfungen gegen sich selbst begleitet. Hohe moralische Ansprüche sorgen für eine Hemmung, Gefühle wie Ärger, Wut oder Enttäuschung zu zeigen oder gar aggressiv zu reagieren.

> **Der permanente Druck „perfekt und nett" sein zu müssen, ist zum Scheitern verurteilt und kann längerfristig entweder Angst oder depressive Gefühle hervorrufen.**

Während Erwachsene bereits verinnerlicht und zu eigen gemacht haben, wie sie sich zu verhalten haben, werden Kinder tagtäglich damit konfrontiert, was man tun darf und was nicht. Aggressive Gefühle sind heutzutage nicht mehr gesellschaftsfähig. Ein „braves Kind" ist ein Kind, das keine Wut- oder Trotzanfälle hat, das ruhig und besonnen reagiert. Konflikte sollten Kinder mit Worten statt mit Fäusten klären können. Enttäuschung und Frustration sollte das brave Kind nicht zeigen oder mit Worten wie „Das macht mich jetzt aber traurig ..." ausdrücken. Zu Recht müssen wir uns fragen, ob dies wirklich der richtige Weg ist und welchen Preis diese Kinder für ihr angepasstes, braves Verhalten zahlen.

Kinder, die in meine Praxis kommen bzw. geschickt werden, weil sie unter Ängsten leiden, sind oft aggressionsgehemmt. Selbst in Fällen, in denen es angebracht wäre, sich zu wehren oder durchzusetzen, ziehen sie sich zurück, reagieren mit Hilflosigkeit und Angst, oft zusätzlich begleitet von Selbstkritik.

## WEHR DICH DOCH!

Der siebenjährige Moritz hat in der Beziehung mit seinen Eltern gelernt, dass man Konflikte mit Worten klärt. Auf dem Spielplatz begegnet er einem sechsjährigen Jungen, der ihm sein Spielzeug einfach wegnimmt. Dieser Sechsjährige wird sich unter Umständen kaum beeindrucken lassen, wenn Moritz ihm höflich erklärt, dass dies sein Spielzeug sei und er es nun bitte zurückhaben möchte … Vielleicht geht der Sechsjährige sogar noch weiter und entfernt sich mit dem Spielzeug in der Hand. Moritz kann noch lange höflich bitten, ohne dass das andere Kind nur im Geringsten sein Verhalten ändert.

Was löst so eine Erfahrung wohl bei Moritz aus? Macht ihn das wütend? Ja, klar, das würde uns doch auch wütend machen. Was, wenn Moritz aber verinnerlicht hat, dass man nicht wütend werden darf, dass man einen Konflikt mit Worten klären sollte? Das Gefühl von Wut könnte er nun durchaus als eigenes Versagen empfinden. Er müsste das Gefühl dann in Zukunft noch sorgfältiger unterdrücken. Wenn Moritz tatsächlich keine andere Variante kennt, sich durchzusetzen und zu wehren, bleiben ihm nur Hilf- und Machtlosigkeit.

Die Unterdrückung von Aggressivität hat zur Folge, dass ein Mensch sich nicht angemessen durchsetzen und wehren kann. Andererseits muss man ständig mit dem Gefühl leben, man sei ein Versager oder „falsch", weil man Wut oder Ärger oder Ablehnung empfindet. Wer ernsthaft glaubt, nicht nur im Handeln, sondern sogar bei den Gefühlen immer perfekt sein zu müssen, kann nur scheitern. Was bleibt, ist die Angst vor dem Versagen durch überzogene Moralvorstellungen.

## Keine Wut ist (auch) keine Lösung

Vielleicht wurde Moritz beigebracht, dass seine Eltern es absolut unangemessen finden, wenn er wütend oder „ungehalten" reagiert. Vielleicht erlebt er, dass sie sich bei Konflikten von ihm abwenden. Oder seine Eltern leben in ihrer Paarbeziehung vor, dass man einander lieber anschweigt, als unangenehme Themen auf den Tisch zu bringen. „Ich darf nicht wütend sein!" wird vorgelebt. Moritz lernt, dass er es sich nicht leisten kann, Wut zu zeigen, weil er dann befürchten muss, isoliert oder ignoriert zu werden. Das Austragen konstruktiver Konflikte wird gar nicht ermöglicht, da diese nicht vorgelebt werden. Noch schlimmer: Das Kind erlebt unter Umständen, dass es zu einem Liebesverlust kommt, wenn es Unstimmigkeit oder Enttäuschung oder Emotionen offen preisgibt.

 **DIE ANGST VOR KONFLIKTEN**

Viele Menschen gehen fest davon aus, dass die anderen sich im Konfliktfall von ihnen abwenden werden. Konflikte werden gefürchtet, Uneinigkeit wird negativ bewertet. Eine solche Konfliktunfähigkeit führt dazu, dass alles versucht wird, um andere Menschen zufriedenzustellen und keinen Streit aufkommen zu lassen. Der Wunsch nach Anerkennung und dem Gefühl, angenommen zu sein, scheint größer zu sein, als der Wunsch, für die eigenen Wünsche und Bedürfnisse einzustehen und Konflikte auszutragen. Diese Konfliktvermeidung hat einen hohen Preis: Menschen werden ängstlicher, depressiver, und Beziehungen werden oberflächlich und letztlich unbefriedigend.

## Unterdrückte Gefühle sorgen für emotionale Störungen

Wenn wir als Gesellschaft jede Form von aggressiven Gefühlen verbieten, müssen wir uns nicht wundern, wenn wir emotionalen Blockaden oder Störungen erleben. Unsere Gefühle haben eine wichtige Daseinsberechtigung. Wird auch nur ein Teil dieser Gefühlswelt unterdrückt, werden alle Gefühle, auch die „guten" wie Fröhlichkeit, Unbeschwertheit oder Mut, Tapferkeit beeinträchtigt.

Natürlich ist es unabdingbar, dass wir lernen, unsere Handlungen zu steuern und unsere Gefühle zu einem gewissen Maß zu kontrollieren. Aber es gehört dazu, dass wir all unsere Gefühle akzeptieren und verstehen, dass wir alle verschiedene, auch unangenehme, widersprüchliche, verstandsmäßig nicht immer nachvollziehbare Empfindungen und Fantasien haben. Der Mensch ist nicht perfekt und muss es auch nicht sein. Diese Ambivalenz, die jeder Mensch erfährt, wird immer in uns vorhanden sein und kann zu erheblichen inneren Konflikten führen. Diese inneren Konflikte haben eine große Auswirkung auf das Erleben und Handeln sowie auf die eigene Wahrnehmung der Selbstwirksamkeit. So kann der Wunsch entstehen, diese nicht ganz so perfekten Seiten verdrängen zu wollen. Das Akzeptieren unserer „dunkleren" Anteile bzw. Seiten wird uns viel weiter bringen als das Verdrängen.

## Ein gesundes Maß an Egoismus ist wichtig

Als Eltern mussten auch wir erleben, wie unser Sohn bei einer ersten Begegnung mit der „Welt draußen" ohne unsere Begleitung wortwörtlich „unter die Räder" kam: Wie von uns vermittelt, versuchte er freundlich und sozial mit anderen Kindern umzugehen. Wiederholt kam er verunsichert vom Spielplatz zurück, da er erlebte, wie rau das Spielverhalten anderer Kinder war. Sich durchsetzen können, zu kämpfen, Kräfte zu messen usw. gehört dazu. Ich erinnere mich gut, dass er weinend vor unserer Tür stand und sagte, er wolle auch ein Pirat wie die anderen Jungs sein – aber ein lieber Pirat.

> **Eltern dürfen und sollen Kinder zur Gegenwehr ermuntern.**

Diese Erfahrung lehrte uns, dass wir unser Kind mit Fehlerwartungen konfrontierten und nur mäßig gut auf die „reale" Welt vorbereiteten. Wir hatten einen vierjährigen Jungen, der zwar bereits eine für sein Alter hohe Sozialkompetenz aufwies, aber damit bei anderen Kindern wenig erreichen konnte. Im Gegenteil, er erlebte seine soziale Kompetenz als eine Schwäche im Umgang mit Gleichaltrigen.

Ganz anders beobachteten wir dies bei seiner jüngeren Schwester, die sich bereits von Geburt an gegen ihren älteren Bruder behaupten musste. Obwohl jünger, hat sie bereits sehr früh gelernt, dass sie nur dann ihre eigenen Bedürfnisse durchsetzen kann, wenn sie sich gegen ihren älteren Bruder wacker schlägt. In der Tat wirkte sie schon immer lauter, wütender und egoistischer. Gleichzeitig zeigte sie sich selbstbewusster, zielstrebiger und stolzer.

> In der Erziehung geht es nicht darum, brave, anständige Kinder zu erziehen, sondern Kinder, die für ihre Wünsche und Bedürfnisse auf eine angemessene Art und Weise einstehen können. Die bereit sind, Konflikte einzugehen und durchzustehen, und ihren Emotionen nicht hilflos ausgeliefert sind. Diese Kompetenzen sind den Menschen nicht angeboren, können aber im Alltag mit der richtigen Unterstützung der Eltern erlernt werden.

## Egoismus ist lernbar

Darum ist ein gesundes Maß an Egoismus eines meiner wichtigsten Erziehungs- und Therapieziele. Leider werden in unserer Gesellschaft die Wörter Egoismus oder Egoist einseitig negativ bewertet. Manchmal so stark negativ, dass Menschen sich kaum mehr erlauben, für sich selber einzustehen.

Immer wieder erlebe ich, dass insbesondere Menschen, die sehr feinfühlig und sozial sind, im Alltag zu wenig Egoismus zeigen und sich ausbeuten lassen. Dabei geht es doch darum, dass man sich selbst liebt und sich selbst am nächsten ist. Nur wer sich selbst liebt und gut kennt, kann abwehren, was ihm schadet.

Beim Egoismus geht es namentlich um die Selbsterhaltung. Und darum, das eigene Wohlergehen an erste Stelle zu setzen. Ich muss wissen, was ich brauche und was mir guttut, ebenso muss ich erkennen können, was mir schadet und wo ich oder andere meine persönlichen Grenzen überschreiten. Anderen zu helfen und sich gleichzeitig ausnutzen zu lassen oder sich bis zur Erschöpfung für andere einzusetzen schadet mehr, als dass es hilft.

Ausreichender Egoismus, der erlaubt, für das eigene Wohlergehen zu sorgen, ermöglicht, mit voller Kraft und effektiv für andere da sein zu können. Soziales und prosoziales Verhalten schließt Egoismus nicht aus, sondern ein! Und gesunder Egoismus führt nicht zwangsläufig zu aggressiven Taten oder Ausbeutung.

**TIPPS: SO BEKOMMEN SIE EINE GESUNDE
SELBSTBEHAUPTUNG**

- Leben Sie eine konstruktive Konfliktlösung vor; sowohl in der Paarbeziehung als auch in der Beziehung zum Kind. Eine konstruktive Konfliktlösung erlaubt beispielsweise, dass Meinungsverschiedenheiten offengelegt werden oder Unmutsgefühle wie Enttäuschung oder Missverständnisse offen ausgesprochen werden.
- Prüfen Sie, ob Sie nicht teilweise zu hohe Moralvorstellungen und Erwartungen an sich selber oder das Kind haben. Aussagen oder Gedanken wie „Ich muss immer brav sein" oder „Ich darf nicht wütend werden" sind unrealistisch und hemmen eine gesunde Selbstbehauptung.
- Merken Sie sich: Wutgefühle können wichtige Anzeiger für Ungerechtigkeit oder Bedrohungen sein. Diese Gefühle können signalisieren, dass ich mich wehren und angemessen durchsetzen muss.
- Ich darf wütend sein! Diesen Satz sollte jeder Mensch sagen dürfen.
- Wir alle verspüren ab und zu Ärger, Wut oder Ablehnung. Akzeptieren Sie eigene aggressive Seiten.
- Für ängstliche und unsichere Kinder kann das Lernen eines Kampfsports oder die Teilnahme an einem Selbstverteidigungskurs sehr hilfreich sein, da sie da üben, sich selber zu behaupten und zu wehren. Das gibt ihnen das Gefühl von Selbstsicherheit und ermöglicht Erfolgserlebnisse.

## Geräuschlose Ausbrüche – tickende Zeitbomben

Es gibt viele Gründe, weshalb Kinder und Erwachsene ihre Gefühle und Bedürfnisse nicht oder nicht angemessen ausdrücken können. Oft beschreiben betroffene Menschen, dass sie befürchten, ihre

Gefühle gar nicht mehr kontrollieren zu können, weil sie von ihnen überwältigt werden. Sie sagen zum Beispiel: „Wenn ich darüber rede, kann ich mich gar nicht mehr beherrschen."

Indem man sich nochmals mit der emotionalen Situation beschäftigt, darüber nachdenkt und spricht, werden dieselben Netzwerke im Gehirn aufgerufen wie in der ursprünglichen Situation selbst. Wenn die Situation sehr heftig und mit Kontrollverlust verbunden war, kann durchaus die Angst aufkommen, wieder die Kontrolle zu verlieren. Je heftiger Emotionen erlebt wurden, ohne gelernt zu haben, mit ihnen umzugehen, umso größer kann die Angst sein, die Kontrolle über sich selbst zu verlieren.

Sitzt ein Mensch über viele Jahre auf einer emotionalen Zeitbombe, muss dafür gesorgt werden, dass diese „kontrolliert" gezündet wird, und dazu ist manchmal ein Experte erforderlich. Das nachträgliche bewusste Erzeugen von erlebten Emotionen ist eine große Chance, einen neuen Umgang mit den heftigen und oft unerwünschten Emotionen zu finden.

Manchmal können Menschen ihre Sorgen niemandem anvertrauen, da sie befürchten, zurückgewiesen zu werden, schlecht dazustehen, ausgelacht oder nicht ernst genommen zu werden. Einige fürchten, dass sie sogar ihre Freunde verlieren, wenn sie diesen ihre Sorgen mitteilen. Dann ist es ratsam, einen Therapeuten aufzusuchen. Jemanden zu haben, der vorurteilslos zuhört, kann sehr erleichternd sein. Fachpersonen können zudem helfen, altbekannte Situationen, verstrickte Muster oder scheinbar unlösbare Situationen in einem anderen Licht zu sehen und Veränderungen zu wagen.

# WENN WUT IN GEWALT UMSCHLÄGT

*Die Grenze zur Gewalt ist oft fließend. Wenn Eltern wieder-holt die Kontrolle verlieren oder ihr Kind mit gewaltvollen Mitteln erziehen wollen oder Jugendliche sich mit aller Macht durchsetzen, muss man sehr genau hinschauen und möglicherweise professionelle Hilfe hinzuziehen.*

Ein zentrales Merkmal von Gewalt liegt darin, dass Gewalt einer Absicht unterliegt und ein Ziel verfolgt. Die Gewalt erzwingt die Unterdrückung anderer Menschen. Absichtlich und bewusst wird dem anderen Schmerz oder Schaden zugefügt. Gewalt ist mit einem Machtgefälle verbunden. Das heißt, der gewaltsame Täter fühlt sich mächtiger oder versucht zumindest, seine Macht zu demonstrieren.

Gewalt wird meist als eine heftige Form von Aggression verstanden. Unterdrückung und Machtausübung können auch ohne Aggression vorkommen, zum Beispiel, indem eine Mutter tagelang nicht mehr mit ihrer Tochter spricht. Diese Form nennen wir psychische Gewalt. Es gibt viele verschiedene Formen von Gewalt. Ebenso gibt es verschiedene Ursachen von Gewalt.

**Es ist wichtig, zwischen einem unkontrollierbaren Wutanfall und Gewalt zu unterscheiden. Auch wenn diese Unterscheidung in der Realität künstlich wirkt und schwierig scheint.**

# Wenn Eltern die Kontrolle verlieren

Von Erwachsenen kann man erwarten, dass sie ihre Gefühle unter Kontrolle haben. Sie sollten gelernt haben, ihre Wut nicht in einem Wutanfall zu entladen, und wenn doch, dass sich dieser nicht gegen eine andere Person richtet. Wir haben gelernt, wie wir mit Kränkungen umgehen, Frustration abbauen und unangenehme Situationen vermeiden können. Die meisten von uns erleben aber, dass unsere Kinder uns manchmal so sehr an unsere Grenzen bringen, dass die Selbstkontrolle arg ins Wanken kommt. Gerade die Wutanfälle unserer Kinder bringen uns in Bedrängnis, und die Selbstbeherrschung geht verloren. Anstatt uns angemessen zu verhalten, schreien wir unser Kind an, packen es heftig am Arm oder uns rutscht sogar die Hand aus.

Diese Form von vereinzeltem Kontrollverlust, die sehr schambesetzt ist und heftige Schuldgefühle auslöst, ist zu unterscheiden von häuslicher Gewalt oder einer gewaltsamen Erziehung, in der Schläge als Erziehungsmittel eingesetzt werden. Das heißt keinesfalls, dass ich etwas beschönigen oder verharmlosen will – Schläge sind eine Grenzüberschreitung, die nicht zu rechtfertigen ist. Hier darf es keine Kompromisse geben – weder in der Kindererziehung noch in der Partnerschaft. Aber dahinter liegen eine andere Ursache und ein anderes Ziel.

## Häusliche Gewalt oder Hilflosigkeit?

Während beim einen Hilflosigkeit und Überforderung zugrunde liegen, setzt der andere Gewalt als Instrument ein, um sich durchzusetzen und Macht auszuüben. In der Unterstützung von Familien muss ich je nachdem ganz anders ansetzen. Kommt es zu häuslicher Gewalt, geht es in erster Linie ganz klar darum, die Kinder zu schützen und mit den Eltern daran zu arbeiten, die Gewaltspirale zu durchbrechen. Hilfe von Fachpersonen ist in diesem Fall notwendig und hilfreich.

**STRATEGIEN ENTWICKELN LERNEN**

Die meisten Eltern kennen solche Momente von Kontrollverlust. Kinder zu erziehen ist sehr anspruchsvoll. Einen Kontrollverlust erlebt man in der Regel dann, wenn man in eine unbekannte Situation gerät und keinen Handlungsspielraum mehr sieht. Die gute Botschaft ist, dass wir Erfahrungen aufbauen und Strategien entwickeln können, mit diesen Situationen umzugehen.

# Ist mein Kind gewalttätig?

Die Unterscheidung zwischen Wutanfall und Gewalt gilt auch bei Kindern. Wenn uns ein Wutanfall bei einem Kind als gewaltsamer Akt erscheint, müssen wir genau hinschauen, was hinter der Reaktion steckt. Kinder fühlen sich noch viel häufiger hilflos als Erwachsene. Zudem können kleine Kinder, wie bereits erwähnt, ihre Gefühle noch nicht gut steuern. Sie verhalten sich in der Regel nicht mit Absicht so. Was aber nicht heißt, dass sie nicht trotzdem gelernt haben können, ihr Ziel mit einem Wutanfall zu erreichen.

Bei Gewalt geht es jedoch nicht nur darum, ein Ziel zu erreichen, sondern darum, die Machtverhältnisse klarzustellen. Ein Kleinkind, das die Mutter schlägt, um Schokolade zu kriegen, würde kaum als gewalttätig bezeichnet, selbst wenn dies ein manipulativer Akt (Wutanfall) ist. Es möchte der Mutter nicht absichtlich damit schaden. Bei Jugendlichen können wir aber durchaus erleben, dass Aggression gezielt eingesetzt wird, um jemanden zu schaden und Macht zu erlangen.

## BIST DU NICHT WILLIG, SO BRAUCHE ICH GEWALT

Der 14-jährige Tom möchte unbedingt das neueste Handy haben. Das Nein seiner alleinerziehenden Mutter akzeptiert er nicht. Auch an diesem Abend beginnt er wieder mit seiner Mutter zu diskutieren. Die Mutter, die ihren Sohn kennt und einen heftigen Wutanfall befürchtet, weicht der Diskussion aus und sagt, dass sie sich das nicht leisten könne. Tom will das nicht hinnehmen, wird lauter, während seine Mutter immer ängstlicher und leiser wird. Schließlich nimmt Tom das Handy seiner Mutter und schmettert es gegen die Wand. Mit den Worten „Das hast du jetzt davon, dumme Kuh" läuft er davon.

Wenn Wut in Gewalt umschlägt, ist es höchste Zeit, dass rasche und klare Reaktionen erfolgen. Ansonsten besteht die Gefahr, dass Wutausbrüche und Regelbrüche als Machtinstrument eingesetzt werden.

Tom hat einiges noch nicht oder gar falsch gelernt. Er zeigt in diesem Beispiel fehlende Selbstkontrolle und mangelnde Frustrationstoleranz. Andererseits scheint Tom gelernt zu haben, dass er, wenn er laut und heftig genug reagiert, alles bewirken kann, was er will. Sein Druckmittel und Machtgehabe muss im Sand verlaufen. Endet es wie hier mit einer Tat, der Zerstörung des Handys, braucht es eine klare Reaktion. Toms Mutter benötigt Unterstützung. Hilfreich können hier anwesende Verwandte und Bekannte sein, welche die Mutter dabei unterstützen, Tom gegenüber klare Zeichen zu setzen und Präsenz zu zeigen.

Sind solche Situationen aber kein Einzelfall, braucht es professionelle Unterstützung. Selbst wenn es hart klingt, empfehle ich Eltern, bei Straftaten ihre eigenen Jugendlichen anzuzeigen bzw. eine Anzeige durch Dritte nicht zu verhindern.

In der Arbeit mit straffälligen und gewalttätigen Jugendlichen gilt: Auf eine ernst zu nehmende Tat braucht es eine ernste Antwort, nur so nimmt man den Jugendlichen überhaupt ernst.

Jeder Mensch will ernst genommen werden – als Person und in seinem Handeln. Nimmt man gewalttätige und grenzüberschreitende Taten nicht ernst genug, dann endet es kaum mit dieser einen Tat. Daher sollten Erziehungsberechtigte bei Regelbrüchen und Kriminalität sofort reagieren und professionelle Hilfe einschalten.

## Tabuthema Gewalt gegen Eltern

Wenn Jugendliche gewalttätig werden und ihre Gewalt sogar gegen die eigenen Familienmitglieder richten, ist das eine ernst zu nehmende Tat. Gewalt in Familien ist weitaus häufiger, als man annimmt. Gerade die Gewalt von Kindern gegen ihre Eltern ist ein Tabuthema. Betroffene Eltern schämen sich und bitten daher kaum um Hilfe. Dabei wäre diese sehr wichtig.

In der Regel respektieren Jugendliche ihre Eltern und empfinden sie als wichtige Bezugsperson. Die allermeisten Jugendlichen und jungen Erwachsenen sagen aus, dass sie mit ihren Eltern gut auskommen, und dass sie ihre Kinder genauso erziehen möchten, wie sie selbst erzogen werden. Manchmal verlieren Jugendliche aber den Respekt vor ihren Eltern.

Wenn Eltern ihre eigene Rolle und ihren Einfluss auf ihre Kinder unterschätzen, sich aus Angst vor Konflikten, aus Desinteresse oder Überforderung aus dem Leben ihrer Kinder zurückziehen, dann geben sie ihre Präsenz als Eltern auf – Rollenverteilungen und Hierarchien werden unklar. Den Kindern fehlt ein klares, starkes Gegenüber. Eine deutlich sichtbare Leitplanke geht für sie verloren, das wirkt verstörend auf sie. Sie sind verwirrt und enttäuscht vom Verhalten der Eltern. Sie fragen sich vielleicht: „Was muss ich alles noch tun, um ernst genommen zu werden?" Diese Enttäuschung und Wut kann in heftigen Grenzüberschreitungen gipfeln, die wiederum die Rückzugstendenz der Eltern verstärken. Die Eltern geben auf und denken, dass sie keinen Einfluss auf ihr Kind haben. Sie stellen den Kindern gegenüber keine Anforderungen mehr und wirken auf das eigene Kind hilf- und machtlos. Im schlimmsten Fall kann es gar zu einer Rollenumkehr kommen. Das Kind oder der Jugendliche erlebt: „Ich bin der Boss hier".

## TIPPS: WENN SIE BEFÜRCHTEN, DASS SIE KEINEN EINFLUSS MEHR HABEN

- Holen Sie sich frühzeitig Hilfe. Die Unterstützung von Bekannten oder Verwandten bewirkt bereits eine Veränderung. Sie fühlen sich gestärkt, weil Sie nicht allein sind und Ihr Kind merkt, dass es Ihnen ernst ist und Sie nicht machtlos dastehen.
- Manchmal braucht es professionelle Unterstützung, um aus der Negativspirale rauszukommen. Nehmen Sie Unterstützung bei einer Fachstelle in Anspruch.
- Gefühle von Überforderung sind normal. Nehmen Sie die eigenen Gefühle ernst und lassen Sie sich helfen.
- Bei Wutausbrüchen und insbesondere bei Gewalt dürfen Eltern sich nicht zurückziehen, sondern müssen im Gegenteil die Präsenz verstärken. Auch wenn es viel Kraft erfordert: Sagen Sie, wo es langgehen soll.

# Das „aggressive" Kind

Aggressive Verhaltensauffälligkeiten sind im Kindesalter recht häufig. Etwa jedes fünfte bis zehnte Kind ist betroffen. Da diese Verhaltensauffälligkeit die Entwicklung eines Kindes in erheblichem Maße beeinflusst, ist es wichtig, Experten beizuziehen. Während Jungen meistens körperlich aggressiv werden, bevorzugen Mädchen Aggressionsformen, mit denen sie durch soziale Manipulation Beziehungen zerstören oder schaden. Die Neigung zur Gewalt und die Gewaltausbrüche führen häufig zu nachfolgenden Problemen wie beispielsweise die Ablehnung durch Gleichaltrige – ein Teufelskreis.

> Wenn ein Kind wiederholt über längere Zeit und in vielen Lebensbereichen (Elternhaus, Schule, unter Gleichaltrigen) durch aggressives Verhalten auffällt und sein Umfeld damit an seine Grenzen bringt, wird aus ihm das „aggressive Kind".

Der deutsche Psychologe Franz Petermann und sein Team konnten zeigen, dass verhaltensauffällige Kinder aggressiv sind, um so immer wieder die Aufmerksamkeit der Bezugspersonen auf sich zu lenken. Es scheint die einzige Form der Aufmerksamkeit zu sein, die sie noch bekommen: lieber eine negative Form der Zuwendung als gar keine. Da der Wunsch nach Aufmerksamkeit seitens des Kindes legitim ist, muss die Frage gestellt werden: Wann oder wodurch bekommt das Kind positive Aufmerksamkeit? Es ist sehr wichtig, dass die Teufelskreise durchbrochen werden, denn bei einem sogenannten „aggressiven Kind" wird oft nur noch die negative Seite wahrgenommen. Es liegt dann ein einseitiger Fokus auf der Aggression und Impulsivität. Positive Reaktionsweisen werden kaum mehr wahrgenommen und leider immer weniger verstärkt – eine Erziehungs- und Beziehungsfalle. Umso wichtiger ist für die Durchbrechung der Negativspirale therapeutische Unterstützung.

Mithilfe von Fachpersonen sollten unter anderem folgende Bereiche gestärkt werden:

- Förderung sozialer Fertigkeiten: positive Gestaltung von Beziehungen zu Gleichaltrigen, Kooperationsbereitschaft, Anpassungsfähigkeit
- Förderung der emotionalen Kompetenz: eigene Gefühle erkennen, Gefühle anderer erkennen und verstehen, mit Problemsituationen angemessen umgehen können, Entwicklung einer Frustrationstoleranz usw.

Hohe Aggressivität entwickelt sich aus einem Zusammenspiel zahlreicher Faktoren. Neben Faktoren auf der Seite des Kindes (z. B. schwieriges Temperament mit Reizbarkeit, mangelnde Impulskontrolle, Hyperaktivität mit Aufmerksamkeitsstörungen) spielen das Erziehungsverhalten der Eltern und die Beziehungsqualität in der Familie eine entscheidende Rolle.

Folgende Faktoren begünstigen eine hohe Aggressivität:

- Schlechtes Familienklima mit mangelnder emotionaler Wärme;
- mangelnde Ermutigung bei positivem Verhalten;
- aggressive Verhaltensmodelle auf der Elternebene;
- inkonsistente und wechselhafte Erziehung;
- harte, v. a. strafende Erziehungsmethoden;
- mangelnde Vermittlung klarer Regeln;
- mangelndes elterliches Interesse und ungenügende Aufsicht;
- Nachgeben bei negativen kindlichen Verhaltensweisen.

Es geht also darum, welche Erziehungskompetenz Eltern haben – insbesondere bei „schwierigen" Kindern. Es ist nicht nur entscheidend, was sie tun, sondern ebenso, was sie nicht tun: ermutigen, klare Regeln aufstellen und einfordern, Interesse und Wertschätzung zeigen, positives Verhalten bekräftigen.

# WUT ALS LÖSUNGSVERSUCH

*Wutausbrüche können Hilfeschreie sein, um Probleme zu lösen und menschliche Grundbedürfnisse zu befriedigen. Denn kommen die Grundbedürfnisse zu kurz, zeigt sich das im Verhalten. Wenn wir erkennen, welches Bedürfnis oder welches tiefer liegende Problem hinter dem wütenden Verhalten steckt, können wir konkret darauf eingehen und bekommen dadurch ein wirksames und hilfreiches Mittel, um Situationen und Verhaltensmuster zu verändern.*

Wutausbrüche sind zumeist mit Verhaltensweisen gekoppelt, die sehr heftig sind und sich oder anderen Schaden zufügen können. Es ist wichtig und richtig, auf diese Verhaltensweisen angemessen zu reagieren und dem Kind zu helfen, eine andere Form von Reaktionen zu zeigen.

## AUS DER PSYCHOTHERAPEUTISCHEN PRAXIS

Die neunjährige Sandra beißt ihre Schwester immer wieder. Die Eltern schimpfen dann heftig mit ihr und kommen schließlich wegen ihrer Wutausbrüche in die Beratung. Ich lerne das Mädchen als sehr angepasstes und höfliches Kind kennen. In der Beratung versuchen wir zusammen zu verstehen, *was* sie so wütend macht und welche

▶

Gefühle in den „Wutsituationen" sonst noch da sind. Gemeinsam versuchen wir zu erkennen, wann das „Wutmonster" bei Sandra kommt: zumeist dann, wenn sich Sandra gegenüber ihrer jüngeren Schwester wehren muss. Diese scheint alle Stoppsignale von Sandra zu ignorieren und hört ihrerseits erst dann auf, die Schwester zu provozieren, wenn Sandra sie beißt.

Der siebenjährige Jan ist in meiner Beratung, weil er häufig Tobsuchtsanfälle hat. Im Gespräch erfahre ich, dass der Junge neben der Schule drei verschiedene Sportarten ausübt – jede Woche. Seine Wutausbrüche sind eindeutige Stresssymptome. Die Mutter interpretierte die Zornanfälle jedoch als Zeichen dafür, dass ihr Sohn noch mehr Bewegung braucht, da er überschüssige Energie habe.

Anhand dieser zwei Beispiele lässt sich das Thema Wut und Wutausbrüche aus einer weiteren Perspektive anzuschauen: Wut beziehungsweise Wutausbrüche können Hilfeschreie oder Lösungsversuche sein.

# Lösungen für das Problem finden

Aus der Sicht der Kinder führt dieses Verhalten möglicherweise zur Lösung des Problems, aus Sicht der Eltern wird das Verhalten als schwierig empfunden, weil es nicht in unser gesellschaftliches und soziales Wertesystem passt. Auch wenn Eltern die Lösungsversuche als nicht erwünschtes Verhalten bezeichnen, sind sie aus der Sicht der Kinder und in Anbetracht der Möglichkeiten, die das Kind zur Verfügung hat, anerkennenswerte und kompetente Ansätze, um der unangenehmen Situation zu entkommen. Aus dieser Perspektive betrachtet, darf diese Kompetenz des Kindes, für sich einzustehen, nicht unterdrückt werden. Vielmehr muss es darum gehen, mit dem Kind zusammen neue Lösungsmöglichkeiten für sein Problem zu suchen.

Die richtige Haltung ist: Die Wut ist wichtig und ich erkenne deine Gefühle an, aber dein Verhalten muss sich ändern. Gefühle sind nie falsch (das heißt: Ich kann nie „falsch" fühlen), das Kind muss aber lernen, mit diesen Gefühlen umzugehen und sie angemessen auszudrücken.

Eng gekoppelt mit diesen Gefühlen sind Bedürfnisse. Darauf wird im folgenden Kapitel eingegangen.

# Bedürfnisse hinter der Wut erkennen

Kinder leben, denken und handeln nach dem Prinzip der möglichst direkten Bedürfnisbefriedigung – das liegt in der menschlichen Natur. Das Kind weiß nicht einfach, was „richtig" oder „falsch" ist. Es braucht viele Jahre, um ein tieferes Verständnis dafür zu entwickeln. Diese Entwicklung zu unterstützen ist eine der Hauptaufgaben der Erziehung. Fachpersonen sprechen dabei von Sozialisation. Wenn Eltern der Meinung sind, dass ihr Kind immer wissen muss, was „richtig" oder „falsch" ist, haben sie zu hohe Erwartungen an ihr Kind. Es ist völlig legitim, dass ein Kind Fehler macht und sich vor allem erst einmal für seine Bedürfnisse einsetzt. Es wäre besorgniserregend, wenn ein Kind dies nicht tun würde.

Wir neigen leider oft dazu, nur das Verhalten eines anderen Menschen beziehungsweise die Reaktion des Kindes zu bewerten, und missdeuten die eigentliche Absicht oder das Bedürfnis hinter seinem Verhalten. Schnell nehmen wir das Verhalten persönlich und reagieren direkt darauf. Wir deuten: Das Kind will nicht gehorchen, es kämpft gegen mich/meine Regeln an. Das Kind tut dies aber aus keiner Absicht heraus, es ist nicht arrogant und schon gar nicht selbstsüchtig.

Immer wieder stelle ich fest, dass Eltern so sehr mit einem Problemverhalten ihres Kindes beschäftigt sind, dass sie gar nicht dazu kommen, darüber nachzudenken, warum sich das Kind überhaupt so verhält. Sie haben oft schon alles Mögliche versucht, um das Verhalten zu ändern: Sie haben Geduld gezeigt, ermahnt, ignoriert, geschimpft … Nur das eine nicht: Sie haben nicht in Ruhe versucht herauszufinden, um was es eigentlich geht.

## EIN BEISPIEL AUS MEINEM ERZIEHUNGSALLTAG

Meine Sechsjährige kam mittags von der Schule nach Hause, ließ bereits beim Eingang alles liegen und beschäftigte sich mit ihrem Zwerghasen, ohne die geringsten Anstalten zu machen, an den Essenstisch zu kommen. Sie kam auch nach mehrmaligem Rufen nicht und begann schließlich, praktisch aus dem Nichts, herumzutoben, sodass ich mich gezwungen fühlte, ein Machtwort zu sprechen: „Das geht so nicht, jetzt reicht es, komm endlich an den Tisch!" Doch sie ließ sich nicht beruhigen, provozierte permanent weiter und brachte mich in kürzester Zeit an meine Geduldsgrenzen. Ich erkannte, dass sie meine volle Aufmerksamkeit auf sich zog – dabei war eigentlich Essenszeit und die älteren Brüder bekamen bisher noch kaum Aufmerksamkeit oder Beachtung von mir.

Die Dynamik der Situation zog mich dermaßen in Bann, dass ich keine Chance hatte, die Situation aus der Distanz und mit Gelassenheit einzuordnen. Eigentlich hätte mir auffallen müssen, dass ihr Verhalten eine Ursache hat, die nichts mit mir oder dem Zuhause zu tun hatte. Wäre ich nicht so sehr mit ihr und ihrem provokativen Verhalten beschäftigt gewesen, hätte ich feststellen können, dass sie bereits völlig „neben sich" zu Hause ankam und mit ihrem Verhalten vor allem eines erreichte: meine volle Aufmerksamkeit zu bekommen, wenn auch auf eine negative Art. So kam es zum Streit, zu Tränen und zu einer Zuspitzung der Situation. Meine Tochter betitelte mich als „gemein", warf sich wütend auf den Boden und konnte meine Reaktion auf ihr (meines Erachtens) unangemessenes Verhalten (nicht gehorchen, freche Antworten, rumschreien ...) nicht verstehen. Sie weinte bitterlich. Erst dann brach es aus ihr heraus: „Heute sind alle so gemein zu mir". − „Ich bin nicht gemein zu dir, wenn du aber nicht ...", wollte ich schon entgegnen, doch ein Wort machte mich wachsam: ALLE. „Was meinst du damit, ALLE sind so gemein?" Endlich konnte sie berichten, was in der Schule vorgefallen war. Sie erzählte weinend, wie sie wegen einer scheinbar schlechten Leistung von anderen Kindern ausgelacht wurde. Dann ließ sie sich trösten, in den Arm nehmen und beruhigte sich endlich.

Mir wurde wieder einmal klar, wie schwierig es für Kinder ist, ihre Verletzungen in Worte zu fassen. Kinder kommen höchst selten nach Hause und sagen: „Hey, Mami, heute habe ich in der Schule etwas Trauriges erlebt ..." Oft tragen sie solche Dinge mit sich herum und drücken sich im besten Fall über ihre Emotionen (wir merken dann, dass unser Kind traurig oder wütend ist) oder über ein schwieriges Verhalten (sie suchen Streit mit den Geschwistern, gehorchen weniger oder lassen die Schuhe aus Protest mitten im Weg stehen) aus.

Wenn sie durch etwas verletzt oder gekränkt wurden, zeigen sie diese schwierigen Seiten zumeist da, wo sie sich am sichersten fühlen: zu Hause bei den Eltern.

> Viele Kinder nehmen Probleme, die sie in der Schule erleben, mit nach Hause und tragen sie dort aus.

Dieses Verhaltensmuster kann man sowohl bei Kindern als auch bei Erwachsenen gut beobachten. Oft müssen wir in der Welt „da draußen" Stress, Konflikte und belastende Erlebnisse „ertragen" und mit Fassung nehmen. Dabei werden die eigenen Emotionen und Bedürfnisse aus „gesellschaftlichen und sozialen Gründen" zurückgestellt. Erst zu Hause, im geschützten Rahmen, finden sie ihren Weg nach draußen. Wir sind dann dünnhäutig, leicht reizbar oder ziehen uns emotional zurück, um das Erlebte zu verarbeiten.

## Was hinter dem Verhalten steckt, ist zentral

Ein Wutanfall wird von außen sofort sichtbar. Und es ist verständlich, dass wir darauf reagieren. Aber eine heftige Reaktion führt häufig zu einer ebenso heftigen Gegenreaktion, und oft ist diese Dynamik wenig zielführend. Viel hilfreicher ist es, wenn wir lernen, darauf zu achten, was hinter diesem Verhalten stecken könnte. Wenn wir verstehen, worum es bei einem Wutanfall eigentlich geht, und auf diese „Ursache" reagieren, können wir das Problem „bei der Wurzel" packen.

Stellen Sie es sich wie bei einem Eisberg vor: Da gibt es den sichtbaren Teil – hier zum Beispiel eine wütende Reaktion Ihres Kindes. Und: Es gibt den nicht sichtbaren Teil – die Ursachen dieser Reaktion und die Bedürfnisse Ihres Kindes.

Verhaltensäußerungen wie die Jacke in die Ecke schmeißen oder das Matheheft zerreißen nehmen wir sofort wahr. Was wir nicht direkt erkennen können, sind die Gründe, die Gefühle, Wünsche oder Ängste, die hinter diesem Verhalten liegen. Wenn wir in Beziehungen nur auf der Sachebene reagieren, können wir die eigentlichen Probleme kaum lösen. Ein Paar kann stundenlang über herumliegende Socken oder nicht eingehaltene Abmachungen streiten, die wirklich wichtigen Themen kommen erst dann zur Sprache, wenn wir über die dahinterliegenden Gefühle (Ärger, Enttäuschung, ...) und Wünsche sprechen.

Mit Eltern, die zu mir in die Beratung kommen, versuche ich immer, zu verstehen, was hinter dem schwierigen Verhalten ihres Kindes liegen könnte. Das sind die wirklich wichtigen Themen.

## Das Problem erkennen

Insbesondere dann, wenn wir das aktuelle Verhalten eines Kindes nicht einordnen können, ist es hilfreich, herauszufinden, was das eigentliche Problem sein könnte.

**SO FINDEN SIE HERAUS, WAS DAS EIGENTLICHE PROBLEM IST**

- Die Aufmerksamkeit nicht (nur) auf das Problem**verhalten** richten, sondern auch auf die dahinter liegenden Bedürfnisse und Gefühle achten.
- Herausfinden: Was ist das **Bedürfnis des Kindes?** Was könnte sein Anliegen sein?
- **Distanz zur Situation gewinnen**: nicht mit der kindlichen Reaktion „mitdrehen". Dazu gehört, dass das schwierige Verhalten des Kindes nicht persönlich genommen werden darf. Es verhält sich nicht so, weil es mir als Elternteil schaden möchte, sondern weil es im Moment keine andere Reaktionsmöglichkeit kennt.
- Eine **Außenperspektive** z. B. von einer befreundeten Person **einholen**. Wie erleben die Großeltern das Kind? Wie nehmen sie es wahr? Zeigt sich bei ihnen das Problemverhalten überhaupt? Wie gehen sie mit damit um?

- Neugierig sein und herausfinden: Wo bzw. in welcher Situation zeigt sich das Problemverhalten *nicht*? **Wo gibt es Ausnahmen?**
- **Wann hat es begonnen?** Was war vorher anders? Vielleicht findet sich eine mögliche Ursache, eine Ausgangssituation.
- **Selbstkritisch sein.** Das Verhalten/die Reaktion des Kindes hat evtl. etwas mit mir zu tun. Welchen Anteil habe ich? Welche Reaktion von mir trägt dazu bei, dass sich die Situation eher entspannt, welche verschärft das Ganze nur noch? Welchen Anteil habe ich an der Interaktion?

Manchmal sind vollkommen unerwartete Reaktionen die besten. Als Mutter erlebe ich immer wieder, dass mich meine Kinder wegstoßen, ablehnen, provozieren ... Wenn ich sie dann in den Arm nehme und einfach nur halte, zeigt sich, dass dies genau das war, was das Kind in dem Moment brauchte. Es kommt aber nicht und sagt „Hey, tröste mich", sondern es sucht auf eine andere, in Notlagen manchmal auch negative Art und Weise meine Aufmerksamkeit. Ganz wichtig ist generell: in Beziehung bleiben. Ich erfahre nichts über die inneren Nöte eines Kindes, wenn ich es allein ins Zimmer schicke. Falls dies im Moment zur Beruhigung dennoch notwendig sein sollte, gehe ich nach wenigen Minuten zu meinem Kind und biete von mir aus ein Gespräch oder Trost an.

### DIE GRUNDBEDÜRFNISSE DES MENSCHEN

Das Bedürfnis nach:
- Bindung und Beziehung
- Anerkennung und Wertschätzung
- Selbstbestimmung und Autonomie
- Selbstwirksamkeit und Selbstwerterhöhung
- Lustgewinn und Unlustvermeidung

# Ich brauche dich! – Bindung und Beziehung

Kinder brauchen von Anfang an persönliche und sichere Bindungen, um sich gesund entwickeln zu können. Die Qualität der frühen Bindungsangebote prägt die Entwicklung der inneren Strukturen und ist entscheidend dafür, was wir von anderen Menschen erwarten. Wenn beispielsweise ein Baby weint, weil es das Bedürfnis nach Nähe hat, und seine Eltern dieses Bedürfnis stillen, indem sie es nicht schreien lassen, sondern es auf dem Arm nehmen, dann lernt es, dass seine Signale verstanden werden, dass seine Eltern prompt auf seine Bedürfnisse reagieren und sich kümmern, wenn es etwas braucht.

Wenn Bezugspersonen die Stimmungen und Bedürfnisse des Babys richtig zu deuten lernen, kann es seine Gefühle und Gedanken besser zum Ausdruck bringen und sich optimal entwickeln. Diese Fähigkeiten von Bezugspersonen (man spricht von Feinfühligkeit oder von emotionaler Intelligenz) sind in den ersten zwei Lebensjahren die wichtigsten Grundvoraussetzungen für eine gesunde Entwicklung des Kindes. Sie bilden die Grundlage für eine sichere Bindung.

Sichere Bindung führt zu sogenanntem Urvertrauen, unsichere Bindungen zu einem Urmisstrauen. Die Qualität der Bindung ist entscheidend dafür, wie Kinder ihre Umwelt erkunden. Eltern können das gut beobachten. Zuerst ist das Kleinkind immer um einen herum. Je größer es ist, umso größer wird der Radius, den es erkunden möchte. Es kommt aber immer wieder zurück, um zu schauen, ob die Eltern noch da sind, um die Verbindung zu den Eltern zu prüfen. Ist die Bezugsperson da, ist alles in Ordnung. Ist sie es nicht mehr, ist das unbeschwerte Entdecken nicht mehr möglich bzw. hat es nicht mehr die Priorität. Für das Kind steht in diesem Augenblick das Herstellen von Bindung an erster Stelle: Es sucht die Eltern. Dieses Verhalten, die Bindung zu den Bezugspersonen zu halten, zieht sich durch die ganze Entwicklung des Kindes, hat jedoch in den ersten Lebensjahren den größten Stellenwert.

> **Gute Bindungspersonen bilden einen sicheren Hafen, von dem aus das Kind die Umwelt erforschen und entdecken kann. Je mehr ein Kind sich auf seine Fürsorgeperson verlassen kann, desto mehr gibt es sich seiner Neugierde, dem Erkundungsdrang und dem Spiel hin.**

Das Verhalten der engsten Bezugspersonen entscheidet zudem darüber, welche Art von Bindung das Kind entwickelt. Sogenannte sicher gebundene Kinder sind besser dazu fähig, Probleme zu lösen, mit Stressmomenten umzugehen, sind aufmerksamer gegenüber neuen Aufgaben und besitzen ein stärkeres Selbstwertgefühl. Eine sichere Bindung und ein starker emotionaler Halt wirken wie ein Schutzschild, das oft ein Leben lang bleibt.

## Die Angst vor Verlust löst Stress aus

Wächst ein Kind jedoch in eine Welt hinein, die nicht sicher ist oder bei der es nie sicher sein kann, woran es ist, erlebt es ständig Stress. Und diesen Stress vergisst der Körper nicht. Studien zeigen, dass Kinder, die eine solche Erfahrung machen mussten, viel später noch mit einer „inneren Mobilmachung" reagieren, fortan sogar noch schneller und intensiver gestresst reagieren und nie wirklich ruhig und entspannt sein können. Dieser subtile Daueralarm hat einen hohen Preis: Die Stresshormone hemmen die Ausbildung des Gehirns. Es kommt zu einer reduzierten Synapsenbildung und Reifung von Nervenfasern. Gewisse Hirnareale, die wichtig sind für die Impulskontrolle usw., sind weniger gut ausgebildet. Aber auch die Entfaltung schöner Gefühle sowie das freie Erkunden der Welt und das kindliche Spiel sind gehemmt.

## Bindung ist ein Leben lang von Bedeutung

> Ein grundlegendes Bedürfnis, das allen Menschen zugrunde liegt, ist der Wunsch nach Zugehörigkeit, nach Beziehung und Kontakt.

Wir Menschen sind von Geburt an auf Beziehung und Bindung ausgelegt. Die Bindung ist aber nicht nur in den ersten Lebensjahren entscheidend, sondern das ganze Leben lang von zentraler Bedeutung. Verlieren wir in Familien das unsichtbare Band der Bindung untereinander, mangelt es an Wertschätzung, Geborgenheit und gegenseitiger Wahrnehmung, leidet nicht nur die Beziehung, sondern alles gerät in Schieflage. Kinder lassen sich nicht mehr erziehen, die Entwicklung wird gehemmt oder gar gestört, und es kommen Störungen zum Ausdruck.

Dasselbe Bild zeigt sich übrigens auch auf der Paarebene: Wenn in Paarbeziehungen keine Bindung vorhanden ist, entsteht schnell das Gefühl, nicht mehr geliebt, angenommen, wertgeschätzt zu sein. Aussagen wie „Wir haben uns auseinandergelebt", „Wir haben uns nichts mehr zu sagen", „Wir leben nur noch wie Bruder und Schwester zusammen" sind typisch.

## Wutanfälle als Hinweisgeber

Wutanfälle können ein Hinweis auf bzw. eine Folge von mangelnder Beziehungsqualität sein. Die Forschung findet einen deutlichen Zusammenhang zwischen Bindungsqualität und aggressivem Verhalten. Das Fehlen von liebevollen Interaktionen in der Kindheit geht oft mit vermehrten Störungen im aggressiven Bereich einher.

### WENN DU MICH SCHON ABLEHNST, DANN WENIGSTENS AUS EINEM GRUND

Die Eltern von Lilly wünschen von mir eine Stärkung ihrer Erziehungskompetenz, da sie täglich erleben, dass ihre neunjährige Tochter ihnen kaum mehr gehorcht. Die Eltern beschreiben sich in der aktuellen Situation als hilflos und überfordert.

Bereits bei der gegenseitigen Vorstellungsrunde wird sichtbar, dass nicht in erster Linie die Erziehung das Problem ist, sondern die Beziehung: Das Klima ist geprägt durch gegenseitige Abwertungen und Kritik. Die Eltern finden kaum gute Worte für ihre Tochter, die ausmeiner Perspektive jedoch täglich Beachtliches leistet: gute Schulnoten, Kunstturnen mit Ambitionen auf Profiliga, dazu kommen zusätzliche Hobbys wie Japanisch lernen und Geige spielen. Auf meine Fragen nach den besonderen Stärken der Tochter folgen sogleich Bewertungen, was die Tochter noch besser machen sollte. Entsprechend der Aussage der Eltern, wie unerzogen das Mädchen sei, stellt mir das Kind ihre Eltern mit demselben Muster von Abwertungen und Kritik vor: Die Eltern würden nur schimpfen, nur ans Geld denken, seien böse und gemein ...

Lilly kennt es ja nicht besser (Eltern sind immer Vorbilder). Viele ihrer Bedürfnisse – allen voran das Bedürfnis nach Bindung und Beziehung – kommen zu kurz: Für all ihre Leistungen und positiven Verhaltensformen bekommt sie keine Aufmerksamkeit. Nie genügt sie.

Reaktionen ruft sie bei ihren Eltern nur dann hervor, wenn diese „böse" auf sie sind (sie erhält Aufmerksamkeit und Zuwendung aufgrund ihrer negativen Verhaltensweisen). Durch ihr Motzen und ihren Ungehorsam bekommt sie wenigstens ein Gefühl von Wirksamkeit und Kontrolle. Zudem ist es einfacher, Ablehnung zu ertragen, wenn man weiß, warum man abgelehnt wird. Die Ablehnung, die das Mädchen spürt, lenkt es so unbewusst auf ihr schwieriges Verhalten, damit die Eltern auch einen Grund haben zu schimpfen.

Sehr oft können wir beobachten, dass Kinder, die in eine Sündenbockrolle kommen, diese Rolle auch zunehmend übernehmen und ausfüllen.

Wie bereits geschrieben, können Wutanfälle ein Beziehungsangebot sein, denn sie fordern uns wie kaum etwas anderes auf, zu handeln und zu reagieren: „Siehst du mich noch?", „Interessierst du dich für mich?", „Spürst du mich?" sind Fragen, die eine Beziehung hervorrufen wollen. Wenn die Eltern auf einen Wutanfall reagieren, empfindet das Kind: „So bleiben wir wenigstens in Kontakt", „So bekomme ich zumindest etwas Aufmerksamkeit".

## Mangelndes Interesse hat Auswirkungen

Sind Beziehungen in der Familie schlecht, löst das eine heftige emotionale Reaktion aus. Egal ob die Beziehungsqualität auf der Paarebene leidet oder die Eltern-Kind-Beziehung belastet ist: Wenn es an Wertschätzung und Interesse fehlt, hat das Auswirkungen. Das psychische Befinden aller Beteiligten leidet, Erziehung ist nicht mehr möglich. Sehr oft kommt es vor, dass Eltern in diesen Situationen mit übermäßiger Strenge reagieren und nur noch das Negative sehen. Indem sie versuchen, auf der Erziehungsebene korrigierend zu wirken, verschlechtert sich oft die Beziehungsebene: Eltern reagieren auf die Wut mit negativen Reaktionen und Sanktionen, was die Beziehungsqualität wiederum beeinträchtigt und nur noch mehr wütende, gereizte Reaktionen provoziert. Es entsteht ein Teufelskreis.

In meiner praktischen Arbeit lege ich daher in erster Line den Fokus immer auf die familiären Beziehungen, sowohl auf die Eltern-Kind-Beziehung wie auch auf die Paarbeziehung der Eltern. Häufig muss zuerst die Beziehung und Bindung wieder gestärkt werden. Eine gute Beziehung der Eltern, in der sie liebevoll und wertschätzend miteinander umgehen, ist von zentraler Bedeutung: Kinder können nicht zu stabilen, reifen, glücklichen Menschen werden, wenn ihre Eltern ihnen ständig Unzufriedenheit in der Beziehung zueinander vorleben und in ihrem eigenen Leben unglücklich sind.

Die Paarbeziehung der Eltern hat Auswirkung auf die Stimmung in der Familie, das Gefühl der Geborgenheit, und ist in erster Linie „das" Vorbild, welches Kinder prägt. Das Kind speichert unbewusst das Erlebte ab, als Modell für die eigene spätere Beziehung oder das Familienleben. Ist der Umgang der Familienmitglieder kühl und distanziert, wird das als „normal" abgespeichert. Das hat Auswirkungen auf die späteren Beziehungen im Erwachsenenalter.

## Positive Erlebnisse stärken die familiären Beziehungen

Es geht darum, herauszufinden, was die einzelnen Familienmitglieder als „positiv", das heißt emotional wohltuend erleben: Wodurch erleben die Familienmitglieder gegenseitige Zuneigung und Wertschätzung? Wann fühlen sie sich besonders geborgen und sicher in der Familie? Was macht ihnen Freude?

Konkret versuchen wir herauszufinden, wer, was mit wem am liebsten macht. Bei kleineren Kindern geht es häufig um das gemeinsame Spielen, Körperkontakt und Nähe. Größere Kinder lieben es, wenn man gemeinsam etwas unternimmt und entdeckt. Wohltuend ist für die meisten Menschen (ob Groß oder Klein), wenn man sich für sie interessiert und das Interesse an ihren Tätigkeiten, Freunden, Hobbys, Erlebnissen zeigt. Echtes Interesse ist spürbar, da dabei Anteilnahme stattfindet.

## TIPPS: BEZIEHUNGEN STÄRKEN

- Eltern sollten den Blick nicht nur auf ihre Kinder richten, sondern in erster Linie auf sich selber und ihre Paarbeziehung. Nur wenn es Ihnen gut geht, kann es Ihren Kindern gut gehen. Was brauchen Sie als Mutter oder Vater, damit es Ihnen gut geht? Wie können Sie Ihre Bedürfnisse gut pflegen? Was stärkt Ihre Paarbeziehung? Lenken Sie Ihre Aufmerksamkeit ganz bewusst auf Ihre Bedürfnisse und Ihre Paarbeziehung und schenken Sie sich selber und Ihrem Partner besondere Beachtung. Beziehung kommt vor Erziehung!
- Fragen Sie Ihr Kind, was der schönste Moment war, den Sie in der letzten Woche gemeinsam erlebt haben: Was hat dir am meisten Freude gemacht mit mir/uns? Sie werden staunen, sehr oft sind es kleine Dinge, die Kindern besondere Freude bereiten. Machen Sie gemeinsam mehr davon!
- Verbringen Sie ganz bewusst Zeit mit Ihrem Partner und mit Ihrem Kind. Es geht nicht um die Quantität, sondern die Qualität der verbrachten Zeit. Je nach Alter des Kindes genießen Sie Spiele, das gemeinsame Lesen eines Buches etc.

- Körperkontakt, Streicheln und Halten sind der Nährboden für gute Bindungen. Wir brauchen das gegenseitige Berühren und Gehaltenwerden. Die meisten Kinder mögen handfeste Berührungen und Körperkontakt. Wenn sie älter werden, suchen sie die körperliche Nähe oft anders als kleinere Kinder. Jungs mögen es beispielsweise, sich zu balgen und zu kämpfen.
- Alle Familienmitglieder schreiben oder zeichnen auf, was sie aktuell am liebsten mit den jeweils anderen Familienmitgliedern machen. Besonders schön ist, wenn man ein Netzwerk der Lieblingsbeschäftigungen auf ein großes Blatt aufzeichnet: Von jedem Familienmitglied wird ein Foto aufgeklebt, und diese Fotos werden durch Linien verbunden. Jedes Familienmitglied darf nun auf diesen Verbindungslinien aufzeichnen oder schreiben, was es im Moment besonders gerne mit dem anderen macht.

# Sieh mal, wie toll ich bin! – Anerkennung und Wertschätzung

Das Bedürfnis nach Bindung ist sehr stark mit dem Bedürfnis nach Anerkennung und Wertschätzung verbunden. Jeder Mensch ist bestrebt, wahrgenommen und in seiner Art anerkannt zu werden. Fehlen die Anerkennung und die Wertschätzung in einer Beziehung (in der Eltern-Kind-Beziehung und der Paarbeziehung auf der Elternebene) wirkt sich das verheerend auf das Befinden aus. Ganz dramatisch ist es, wenn statt Wertschätzung Geringschätzung oder Ablehnung gezeigt wird.

„Das kannst du nicht, dafür bist du zu dumm!", „Typisch Sara, du machst wieder alles falsch!", „So doof wie du kann niemand sein!" ... Solche Aussagen wirken sich direkt auf das Selbstwertgefühl eines Menschen aus – in jedem Alter!

Hört man wiederholt solche Abwertungen oder erlebt aktive Ablehnung oder Desinteresse, fühlt man sich wertlos. Während manche Menschen darauf mit Rückzug, Selbstunsicherheit und Verstummen reagieren, lösen sie bei anderen eine heftige Wut und Entrüstung aus.

Immer wieder erlebe ich bei Kindern, dass sie dann mit Wut reagieren, wenn sie sich von Lehrpersonen abgewertet oder zu wenig anerkannt fühlen. Problematisch dabei ist, dass ihre heftige Reaktion die Ablehnung noch eher bestärkt.

## NEVIO GEHT NICHT MEHR GERNE IN DIE SCHULE

Nevio (11) ist ein intelligenter und sensibler Junge. In letzter Zeit geht er aber nicht mehr gerne in die Schule. Nach einiger Zeit berichtet er mir, dass er das Gefühl hat, die Lehrerin würde sich ständig über ihn ärgern. Egal was im Klassenzimmer abläuft, immer sei er schuld. Ständig würde sie mit ihm schimpfen. Das mache ihn so richtig wütend.

Ich lasse mir von ihm beschreiben, wie das konkret im Klassenzimmer abläuft. Nevio erzählt vom letzten Vorfall: Aus Versehen sei ihm das Etui runtergefallen. Das habe schon Krach gemacht. Es habe ihn selbst geärgert, dass ihm so etwas Dummes passiert sei. Sofort habe die Lehrerin wieder mit ihm geschimpft. Als er ihr erklären wollte, dass er das nicht mit Absicht gemacht habe, habe sie gefragt, wie alt er eigentlich sei. Da hätten die anderen Kinder gelacht, und er sei dann ausgerastet (hat alle Stifte auf den Tisch geknallt und ist aus dem Klassenzimmer gelaufen).

Nevio muss lernen, seine Wut zu zügeln und nicht unkontrolliert auszurasten. Er muss verstehen, dass dieser Kontrollverlust ihm selber schadet, da er den Teufelskreis von Abwertung aufrechterhält: Die Lehrerin schimpft umso mehr und die anderen Kinder lachen über ihn.

Dieses Beispiel zeigt, dass hinter Wutausbrüchen viel steckt. Ansetzen kann man bei Nevio, der in seinem Selbstwert stark verunsichert ist. Diese Unsicherheit verstärkt sein ungeschicktes Verhalten. Möglicherweise nimmt er auch nur noch die negativen Reaktionen der Lehrerin wahr und erlebt keine Anerkennung mehr. Das bedeutet, dass man sowohl bei seiner Wahrnehmung ansetzen kann – „In welcher Situation hat dich die Lehrperson zuletzt gelobt?" – wie auch in seiner Wirksamkeit: „Was kannst du machen, dass die Lehrerin merkt, wie freundlich und intelligent du bist?"

Ansetzen muss man idealerweise auch in der Beziehung zwischen Nevio und seiner Lehrerin. Doch dazu bedarf es ihrer Mitarbeit.

## TIPPS: WIE BEZIEHUNGEN WERTSCHÄTZEND WERDEN

- Wertschätzung und Anerkennung lassen sich am ehesten durch kleine Zeichen ausdrücken: ein Lächeln, aufmunternde Worte, eine Umarmung, ein Lob oder ein Dank (z. B. für die Unterstützung beim Kochen). Schenken Sie Ihren Liebsten auch nur eine kurze Aufmerksamkeit, hat das oft eine große Wirkung. Wichtig ist, dass wir diese Zeichen bewusst und achtsam machen.
- Unabhängig vom Alter unseres Kindes ist es wichtig, dass wir ihm immer wieder unser Interesse signalisieren und Anteil an seinem Leben nehmen. Dies gilt insbesondere für Jugendliche.

> Selbst dann, wenn sie uns weniger teilhaben lassen an ihrem Leben, ihren Sorgen und Nöten, sollten sie doch immer wieder spüren, dass wir uns für sie interessieren. Nehmen Sie Anteil am Leben Ihres Jugendlichen: Zeigen Sie Interesse für seine/ihres Hobbys, Musikvorlieben, Lieblingsserien usw.

- Kinder verbringen viel Zeit in der Schule. Die Beziehung zwischen Schüler und Lehrperson ist relevant für die Lernleistung und das Befinden eines Kindes. Ist die Beziehung zwischen dem Kind und einem Lehrer belastet, sollte man zumindest versuchen, etwas zu verändern. Anklagen bringt aber nichts. Eltern können eine vermittelnde Rolle einnehmen. Helfen Sie Ihrem Kind, indem Sie ihm aufzeigen, wo es ansetzen und etwas verändern kann. Notfalls muss eine Fachperson, beispielsweise von der Schulsozialarbeit, hinzugezogen werden.

# Ich will selber! – Selbstbestimmung und Autonomie

Jedes Kind hat seinen eigenen, individuellen Willen und den Drang zur Selbstbestimmung, und der ist oftmals ziemlich stark. Passen die kindlichen Ansprüche nicht mit unseren Erziehungszielen überein, sind wir als Eltern gefordert: nachgeben, hart bleiben oder Kompromisse eingehen? Der starke Wille unserer Kinder stellt unsere Erziehungsprinzipien und -fähigkeit gnadenlos auf die Probe, sodass wir ihn oft ganz schön ärgerlich finden. So ärgerlich und anstrengend, dass wir im Alltag die unglaublich wichtige Kraft hinter diesem Willen fast nicht erkennen: Dank ihm lernt und entwickelt sich unser Kind. Er hilft Kindern, sich für ihre Bedürfnisse ein- und diese durchzusetzen. Der eigene Wille des Kindes führt in die Selbstständigkeit und Individualität. Er ist einer der bedeutendsten Entwicklungsmotoren überhaupt.

Es kann also auf keinen Fall darum gehen, diesen Willen zu brechen, sondern im Gegenteil den Willen zur Selbstbestimmung zu fördern, ohne uns vom kindlichen Anliegen unterkriegen zu lassen. Und das ist ganz schön anstrengend. Ja, Erziehung ist anstrengend!

In der Entwicklung treten aggressive Verhaltensweisen intensiver in Übergangsperioden auf, in denen der Selbstbehauptungs- und Selbstbestimmungswille stärker wird, andererseits bislang sinnvolle, aber immer weniger erwünschte soziale Abhängigkeiten von Bezugspersonen fortbestehen. Typischerweise kennen wir das aus der Trotzphase oder der Pubertät (die sogenannte „Rebellionsphase").

> Wutanfälle können als deutliche und drastische Form aktiver Selbstbehauptung gegen (subjektiv empfundene) Einschränkung von Selbstbestimmung verstanden werden.

Wir neigen dazu, auf fortbestehende Wutausbrüche oder Grenzüberschreitungen von Kindern mit verstärkten Strafen (Sanktionen) und Einschränkungen zu reagieren. Das Gegenteil ist aber richtig, nämlich herauszufinden, ob das Kind zu sehr eingeengt ist und eigentlich mehr Freiräume, autonome Lebensbereiche, Zugeständnisse und Vertrauen braucht, um sich besser verwirklichen zu können.

Wenn Eltern die Einschränkungen lockern, heißt das nicht, dass es für das Kind keine Grenzen gibt oder unerwünschtes Verhalten (Wutausbrüche) toleriert werden muss. Es wird aber oft seitens der Eltern so gedeutet. Verständnis für die Bedürfnisse des Kindes bedeutet nicht gleichzeitig Grenzenlosigkeit. Im Gegenteil, es bedeutet, dass ich meine Grenzen und die meines Kindes gleichzeitig im Auge behalte. So kann ich ihm ganz viel zutrauen und zumuten.

## ICH WILL SELBER!

Tim (5) will endlich auch einmal allein die Hasen füttern. Seine große Schwester (8) darf das immer. Bei ihm heißt es jeweils: Dafür bist du noch zu klein. Damit ist Tim überhaupt nicht einverstanden. Schließlich ist sein Hase Karli viel zutraulicher als der Hase seiner Schwester. An diesem Morgen geht Tim heimlich zum Hasenkäfig in den Garten. Er ist richtig stolz auf sich, denn er hat nicht nur das Wasser, sondern auch noch frisches Gemüse und Kerne aufgefüllt. Leider vergisst Tim aber, die Käfigtür richtig zu schließen. Kurze Zeit später hört er seine Schwester panisch rufen, dass die Hasen ausgebüxt sind. Tim erschrickt heftig. Den Eltern ist sofort klar, dass Tim der „Übeltäter" war. Erst nach langer Zeit können die zwei Hasen wieder eingefangen werden. Als Strafe darf Tim für längere Zeit gar nicht mehr allein zu den Hasen.

## TIPPS: WIE SIE DIE SELBSTBESTIMMUNG IHRES KINDES STÄRKEN

- Seien Sie neugierig und offen für die Eigenheiten Ihres Kindes. Es kann sehr spannend sein zu sehen, wie viel Eigenes das Kind mit sich bringt. Was interessiert Ihr Kind? Wo hat es seine eigenen Stärken und Ressourcen? Auch wenn Sie wenig mit Tieren anfangen können, so kann Ihr Kind vielleicht doch ein Tierfreund sein. Selbst wenn Sie ein Hobby nicht ausüben, kann Ihr Kind hier besondere Ambitionen haben. Umgekehrt ist es vielleicht viel weniger sportlich als Sie, dafür kreativer. Pink ist nicht Ihre Farbe, aber eventuell die Ihres Kindes ...
- Erziehen heißt nicht, die Kinder in eine gewünschte „Form" zu bringen, sondern ihnen zu ermöglichen, sich bestmöglich zu entfalten und sich selbst zu verwirklichen. Finden Sie gemeinsam

mit dem Kind heraus, was es besonders gerne macht und gut kann. Lassen Sie ihm Raum, seine eigenen Interessen zu entwickeln. Schenken Sie Ihrem Kind Vertrauen.

- Seien Sie geduldig mit Trotzanfällen Ihres Kindes, denn es ist nicht seine Absicht, Sie zu ärgern.
- Fokussieren und verstärken Sie die Stärken Ihres Kindes und nicht die Schwächen. Nicht jeder Mensch muss alles gut können und überall mithalten können! Aus Ihnen wurde ja auch kein Allround-Profi.
- Prüfen Sie, ob es gegebenenfalls sinnvoll ist, wenn Ihr Kind beim konkreten Thema (z. B. Kleidung, Essen wählen, Ausgang – je nach Alter und Entwicklungsstand) mehr Selbstbestimmungsrecht bzw. Freiheit bekommt.
- Fragen Sie Ihr Kind, welche Lösung es für ein Problem, das es betrifft, sieht. Kinder sind unglaublich kreativ. Nutzen Sie die Ideen Ihrer Kinder.
- Versuchen Sie, den Willen und das Selbstständigkeitsstreben Ihres Kindes zu nutzen und zu fördern. Kinder spüren in der Regel recht gut, was sie können und was nicht bzw. wann sie bereit sind für den nächsten Entwicklungsschritt. Achten Sie auf die Signale Ihres Kindes. Wenn es bereit ist, auf Windeln zu verzichten, allein etwas einkaufen zu gehen oder allein in seinem Bett zu schlafen, dann lernt es das sehr rasch, und es braucht keine großen Bemühungen Ihrerseits.
- Wenn Ihr Kind etwas selber können möchte, das es noch nicht kann, dann überlegen Sie, welche möglichen Zwischenschritte bis zum Ziel notwendig sind. Solche Zwischenschritte sind oft auch schon (kleine) Erfolgserlebnisse. Im Beispiel von Tim könnte man ihm den Auftrag erteilen, die Futter- und Wassertröge neu aufzufüllen. Oder er kann zuerst lernen, die Käfigtüren gut zu schließen. Wenn er das gut kann und geübt hat, dann wird er es kaum mehr vergessen.

> Es geht nicht darum, den Willen des Kindes „zu brechen", son-
> dern dem Kind zu zeigen und zu lehren, wie es seine Bedürfnisse
> (z. B. „Ich brauche jetzt sofort Schokolade") zurücknehmen und
> aufschieben kann oder wie es seinen Willen adäquater (sich
> nicht auf den Boden schmeißen und rumschreien, sondern aus-
> handeln) durchsetzen kann.

# Ich kann das! – Selbstwirksamkeit und Selbstwerterhöhung

Der Mensch erkundet aktiv Möglichkeiten und Grenzen seiner Umwelt. Ein gesundes Kind möchte etwas bewirken können und sich erfolgreich mit seiner Umwelt auseinandersetzen. Es liegt in der Natur des Menschen (und damit natürlich des Kindes), möglichst das Beste für sich und seine Situation rausholen zu wollen. Verzicht, Bedürfnis-aufschub, Dankbarkeit und Bescheidenheit sind Werte, welche der Mensch erst lernen und als sinnvoll erkennen muss. Der Wunsch der Eltern, dass Kinder diese Werte schnell verinnerlichen, ist verständ-lich, entspricht aber nicht der Realität. Es ist ein Prozess, der bis ins Erwachsenenalter dauert. Die Vorstellung, dass bereits fünfjährige Kinder permanent wissen, wie man sich korrekt benimmt oder was erwartet wird, ist aus meiner Sicht völlig überzogen, dennoch begegne ich diesen Anliegen im Beratungsalltag immer wieder. Diese Werte stehen oft im Widerspruch zu unseren Grundbedürfnissen. Eltern, die ihr Kind ständig korrigieren, die zu hohe Erwartungen an das Kind stellen oder gar abwerten, wenn es einen Fehler macht, kränken den Selbstwert und das Bedürfnis nach Selbstwirksamkeit beim Kind.

Wir wissen heute, dass für eine gesunde Entwicklung das Gefühl von Selbstwirksamkeit sehr zentral ist. Wenn ein Kind weiß, dass es fähig ist, etwas erfolgreich zu meistern und dass es Fehler machen darf, dann steigt das Gefühl von Selbstwirksamkeit, was eine positive Auswirkung auf das Selbstwertgefühl hat.

Erlebt ein Kind nur noch Wirkungslosigkeit oder gar Hilflosigkeit, wird es entweder daran zerbrechen oder mit aller Macht (unbewusst) versuchen, in eine wirkungsvolle Position zu kommen. Wir Eltern kennen diesen Mechanismus auch: Vor lauter Hilflosigkeit oder Ohnmacht reagieren wir mit Wut und Aggression.

In einem Wutanfall dominiert der Teil, der das Bedürfnis nach Selbstwirksamkeit vertritt. Wie ein Bodyguard stellt sich diese heftige Reaktion in den Vordergrund. Die Wut wird zu einem Schutzmechanismus. Leider schreckt dieser Schutzmechanismus andere Menschen (andere Kinder) ab, und so kommt das Bedürfnis nach Beziehung nicht zum Zug.

Wenn das Kind keine andere Möglichkeit zur Selbstwirksamkeit oder Selbstwerterhöhung erfährt als durch Wut oder Aggression, ist es in diesem Teufelskreis gefangen.

## Selbstwirksamkeit erleben im Spiel

**EIN TYPISCHES SPIELVERHALTEN**

Immer wieder treffe ich auf Kinder (vorwiegend Jungs), die sehr gerne und lustvoll Kampf- und/oder Zerstörungsspiele spielen. Im Rollenspiel mit mir wählen sie die stärksten Kämpfer, die wildesten Tiere und die brutalsten Waffen und geben mir als Spielpartnerin Spielfiguren, mit denen ich absolut chancenlos gegen sie bin. Innerhalb weniger Minuten sind alle meine Figuren unterlegen oder gar tot. Von außen wirkt dieses Spiel oftmals aggressiv.

Viele Jungs spielen gerne Kampf- und Kriegsspiele. Das gehört zu einer gesunden, normalen Entwicklung dazu! Wenn aber ein Kind über längere Zeit und nur noch solche Rollenspiele spielt, bei denen es darum geht, dass es deutlich überlegen ist und alle Gegner innerhalb kürzester Zeit zerstört sind, ist dies oftmals ein Zeichen dafür, dass das Kind im Alltag zu wenig Selbstwirksamkeit erlebt und ein geringes Selbstwertgefühl vorhanden ist.

Eltern sind zunächst oft erstaunt, dass ich solche Spiele mal einfach mitspiele und nicht verbiete. Spielen Eltern bei einem solchen Spiel mit, neigen sie dazu, das Spielverhalten durch moralische Appelle („Das tut man nicht", „Du kannst doch nicht einfach die Burg von Frau Michalik zerstören") oder Wunschvorstellungen („Möchtest du nicht mal ein lieber Ritter sein?" ...) zu unterbrechen. Sie versuchen, auf das Verhalten des Kindes einzuwirken.

Dabei geht es darum, auf das dahinterliegende Bedürfnis zu achten: stark sein, wirkmächtig sein. Kein richtiger Krieger ist mächtig, wenn er nicht gleichzeitig stark, wild oder brutal sein darf!

Tatsächlich kann man dem Kind über das Spiel helfen, sein Verhalten (z.B. blinde Zerstörungswut) zu verändern und damit auf den Alltag des Kindes einwirken. Aber das Kind darf nicht die Lust am Spielen verlieren. Und es soll seine gleichzeitig tiefer liegenden Bedürfnisse befriedigen können. Wenn das Kind im Spiel mit mir erlebt, dass ich die Stärke seines Kriegers bewundere, stärke ich sein Selbstwertgefühl. Wenn es mir zusätzlich gelingt, dass das Kind sich weiterhin als stark erlebt, aber nicht nur in blinder Zerstörung, sondern indem es zu einem Held wird, der mir hilft oder mich gar rettet, dann wird das Spiel noch lustvoller, die Spielhandlung reicher, und das Kind erlebt sich im Spiel (stellvertretend zur Realität) wirkmächtig. Beispielsweise kann es ich im Spiel als den stärksten, mutigsten, tollkühnsten Helden bewundern. Und ich brauche diesen Held dringend an meiner Seite, denn nur ihm kann es gelingen, gegen die von außen kommende Gefahr (z.B. Seeungeheuer, Außerirdische ...) zu siegen und mich zu retten. Schon ist das Kind nicht mehr mein Gegner, sondern mein Retter.

# Das fühlt sich gut an! – Lustgewinn und Unlustvermeidung

Lust- und freudvolle Gefühle zu erleben ist für uns alle wichtig. Wenn Unlust dominiert, geht es uns schlecht, und wir suchen nach Möglichkeiten, wieder eine lustvolle Erfahrung zu machen.

Manchmal erhält das Bedürfnis nach Lustgewinn aber nur noch Nahrung über die Freude am Ärgern und Quälen anderer Kinder oder am Provozieren der Eltern. Dies geschieht häufig bei Kindern, die nur noch als „aggressives Kind" wahrgenommen werden. Da sich andere Kinder von ihm abwenden und Eltern und Erzieher nur noch schimpfen und „schwierige Seiten" an ihm sehen, erlebt es kaum mehr positive Zuwendung und Bestätigung. Es bleibt diese eine macht- und freudvolle Verhaltensweise: andere stören und provozieren durch lautes Herumschreien, Toben und gar Verletzen.

Ein Wutanfall kann ein hilfreiches Mittel werden, um Unlust zu vermeiden.

### ICH HABE KEINE LUST!

„Ich will jetzt nicht aufräumen!", schreit die vierjährige Sarah und wirft ihr Spielzeug umher. Sarah hat noch nicht gelernt, mit Frustration und Unlust umzugehen, und greift zu einem einfachen Mittel: der Unlust einfach mal Luft zu verschaffen. Würden die Eltern in so einer Situation einfach nachgeben, würde Sarah lernen, dass man Frust und Unlust durch „Dampfablassen" loswerden kann und so zum Ziel kommt, in Ruhe gelassen zu werden.

Wir können nicht vermeiden, dass Sarah „negative Gefühle" und Unlust erlebt. Im Gegenteil: Es gehört dazu, Unwohlsein, Verzicht und Frustration zu erleben. Die Kunst ist es, auf diese teilweise heftigen Reaktionen gelassen und dennoch klar zu reagieren.

# Wechseln Sie die Perspektive

Wenn es uns gelingt, „hinter" das Verhalten zu schauen und nach dem dahinterliegenden Bedürfnis, Wunsch oder Gefühl zu fragen, können wir feststellen, dass es nicht darum geht, „gegen uns" zu sein. Im Gegenteil: Hinter dem Verhalten steckt der Wunsch nach (noch) mehr Beziehung, nach (noch) mehr Aufmerksamkeit, nach (noch) mehr Kontakt. Oder das Bedürfnis nach Selbstwirksamkeit, nach Kontrolle und nach Selbstbestimmung.

Wenn wir die Perspektive wechseln, wird es einfacher, Kinder zu verstehen. Was sind die dahinterliegenden Bedürfnisse des Kindes?

Bloß wie gelingt es, die Perspektive zu wechseln, wenn man selber gerade frustriert oder genervt ist?

## TIPPS: SO ERKENNEN SIE DIE BEDÜRFNISSE IHRES KINDES

- Versuchen Sie bewusst, in eine Beobachterrolle zu gehen; am besten so, als wären Sie nicht selber in die Situation involviert (oft gelingt uns das erst zu einem späteren Zeitpunkt, macht aber nichts, denn eine ähnliche Situation wird schneller folgen, als es uns lieb ist).
- Versuchen Sie herauszufinden, was Ihr Kind im Moment fühlt und nicht nur wie es sich verhält. Was könnte das Bedürfnis Ihres Kindes sein? Was scheint für Ihr Kind wichtig?
- Wichtige Fragen können sein: Was möchte mein Kind wohl mit seinem Verhalten erreichen? Wie kann ich meinem Kind (besser) helfen, sein Ziel zu erreichen/sein Bedürfnis zu befriedigen? Wie kann ich ihm helfen, sein Bedürfnis besser auszudrücken als mit Schreien, Stampfen oder einem Wutausbruch?
- Überprüfen Sie: Wie kann ich meine Erziehungsziele und eigenen Bedürfnisse erreichen, ohne die kindlichen Bedürfnisse zu ignorieren oder zu beschneiden?

# KONFLIKTE ANGEMESSEN LÖSEN

*Wutanfälle sind Konfliktsituationen, die uns heraus-
fordern, zu reagieren. Wie wir reagieren, ist entscheidend.
Wir können lernen, anders damit umzugehen, sodass sie
für uns, das Kind und das Umfeld weniger belastend sind.*

Im Umgang mit Wut und Wutanfällen lassen sich verschiedene Handlungsebenen unterscheiden. Einerseits geht es darum, wie wir in der akuten Konfrontation mit einem Wutanfall oder in der Situation kurz vor einem Anfall reagieren und handeln. Wie gehen wir in dieser Situation mit unseren eigenen Gefühlen um? Wie reagieren wir angemessen auf unser Kind?

Dann haben wir sogenannte präventive Handlungsmöglichkeiten, die da ansetzen, dass es gar nicht erst zu einem Wutanfall kommen muss. Kompromisse zu finden hilft, nicht in einen Machtkampf zu gelangen. Frühzeitig zu erkennen, dass das Kind ein Bedürfnis hat, trägt dazu bei, angemessen auf unser Kind zu reagieren, bevor es zu einem Wutausbruch kommt.

Dann können Eltern neue Bewältigungsmöglichkeiten lernen, die ihnen helfen, anders als gewohnt zu reagieren und somit früher aus dem gewohnten Muster auszusteigen.

In diesem Kapitel geht es zunächst darum, wo Eltern ansetzen können, im folgenden Kapitel liegt der Fokus stärker beim Kind. Letztendlich geht es aber immer um die Beziehung, nicht „nur" um Erziehung!

# Mein Anteil als Mutter oder Vater

Die Selbstwahrnehmung und Selbstreflexion wird heutzutage im beruflichen (und auch schulischen) Kontext immer häufiger gefordert und gefördert. Als Eltern werden wir aber kaum dazu angeleitet oder daran erinnert. Vielleicht werden wir als Elternpaar mit unterschiedlichen Erziehungsansichten konfrontiert und sind bereit, über unsere verschiedenen Erziehungsansichten zu diskutieren. Im stressigen Alltag folgen wir Eltern aber zumeist einfach dem „Überlebensmechanismus" – woher also die Zeit nehmen, über unsere eigenen Gefühle und Reaktionen nachzudenken? Selbst wenn wir fleißig Erziehungsratgeber oder Bücher über die Entwicklungsstufen der Kinder lesen, werden wir kaum daran erinnert, mal innezuhalten und unsere subjektive Wahrnehmung oder unsere Anteile an der Situation zu überprüfen.

Sich bewusst zu machen, wie die bisherigen Lebenserfahrungen und die eigenen Gefühle das Verhalten mitprägen, kann anstrengend sein, ist aber zumeist eine Bereicherung. Meine Ängste als Elternteil, meine Abwehrstrategien und Übertragungen (Verwechslungen von alten Beziehungserfahrungen mit neuen) zu kennen ist genauso wichtig, wie zu verstehen, was im Kind vorgeht.

Gefühlsausbrüche wie Wut sollte man niemals nur auf der Sachebene angehen. Ich habe in diesem Buch oft genug darauf hingewiesen, dass sowohl Gefühle im Spiel sind – kindliche wie eigene – als auch immer eine Beziehungsdynamik. Unterschiedliche Ansichten, gegenseitige Zuschreibungen, aneinander aufreibende Verhaltensreaktionen usw. prallen bei einem Wutanfall aufeinander.

Es ist eine wichtige Aufgabe, uns die eigene subjektive Wahrnehmung der Situation und der eigenen Verhaltensweisen bei einem Wutanfall des Gegenübers bewusst zu machen. Es geht hier nicht um eine Schuldzuweisung, sondern um das Verständnis, was mein Verhalten beim Gegenüber bewirken könnte. Mit diesem Verständnis wird klar, dass wir immer in einer wechselwirkenden Beziehung zueinander stehen. Wenn ich als Mutter oder Vater bei mir etwas verändere, wird sich auch beim Kind etwas verändern – und umgekehrt. Insbesondere wenn es darum geht, aus eingeschliffenen Mustern auszusteigen, braucht es eine Veränderung. Bereits Albert Einstein hat das klar formuliert: „Die reinste Form des Wahnsinns ist es, alles beim Alten zu lassen und gleichzeitig zu hoffen, dass sich etwas ändert." Man muss etwas anders machen als sonst. Möglichkeiten, hier anzusetzen, finden Sie auch in den folgenden Kapiteln.

Viele der befragten Eltern, insbesondere die Mütter, geben an, dass sie versuchen, ihre eigene Wut nicht zu zeigen. Einige beschreiben, dass sie dann doch motzig oder zickig würden. Wir können davon ausgehen, dass es den wenigsten Eltern wirklich gelingt, ihren eigenen Ärger während bzw. kurz nach einem kindlichen Wutanfall ganz zu verbergen. Am ehesten gelingt uns das, wenn wir den Auslöser für den Anfall verstehen bzw. nachvollziehen können.

Natürlich ist es nicht hilfreich, mit einer heftigen Gegenreaktion zu reagieren, aber wenn wir die eigenen Gefühle einfach zu unterdrücken versuchen, werden wir der Situation und v. a. uns selber nicht gerecht. Und die eigenen Kinder spüren uns in der Regel ganz genau.

## ICH BIN VERÄRGERT

Es wirkt entlastend, die inneren Empfindung zu benennen, anstatt die Wut zurückzuschmettern. Wenn Sie sagen: „Ich bin verärgert", erzeugen Sie damit bereits eine andere Kommunikationsform mit ganz anderen Wahlmöglichkeiten, weil Sie sich bereits in der Metaebene befinden. Das Offenlegen der eigenen Gefühle in Form von Ich-Botschaften ermöglicht dem Gegenüber, ebenfalls offen und direkt darauf zu reagieren. D. h., es wird möglich, über das zu sprechen, was sowieso da ist: die Gefühls- und Bedürfnisebene und nicht nur die Sachebene.

Im Umgang mit Aggression und Wut sollten wir uns zunächst die eigenen Belastungsgrenzen und Gefühle bewusst machen. Sehr hilfreich ist, wenn wir unsere „wunden Punkte" kennen und wissen, was uns besonders reizt.

Als Eltern haben Sie sicher schon festgestellt, dass Ihre Kinder genau spüren, womit sie Sie besonders reizen können. Sie scheinen genau zu wissen, wo unsere „wunden Punkte" sind, weil wir immer dann besonders heftig und unvernünftig handeln. Obwohl uns das ärgert, sollten wir nicht das Kind dafür verantwortlich machen, dass es dies nicht lassen kann. Es liegt nicht in der Verantwortung des Kindes, unsere „Reizthemen" zu umgehen, sondern an uns, zu lernen, damit anders umzugehen. Ich kann darin eine Chance sehen, mal gut hinzuschauen, was bei mir selber abgeht. Warum reagiere ich so? Warum geht mir genau dieses Thema so nahe?

Wut löst oft eine „Gegenwut" aus. Oft stecken dahinter Gefühle wie Angst vor dem Versagen, Angst vor dem, was andere denken, Enttäuschung, dass das Kind nicht meinen Anweisungen folgt, usw. Aus diesen heftigen Gefühlen heraus kompetent zu handeln geht in der Regel nicht. Darum ist eine Reflexion der eigenen Reaktionsmuster sehr wichtig. Zusätzlich tragen gute Bewältigungsstrategien zur Angstminderung und Erhöhung des subjektiven Sicherheitsgefühls bei.

Für eine Selbstreflexion ist die Beantwortung konkreter Fragestellungen ganz hilfreich. Natürlich ist es besonders wertvoll, wenn man solche Reflexionsfragen als Elternpaar gemeinsam bespricht und dabei feststellen kann, dass jeder tatsächlich subjektiv wahrnimmt und reagiert. Man kann dabei sogar entdecken, wo der andere Elternteil mehr Ressourcen aufweist (zum Beispiel eher mit Geduld reagiert) als man selber.

**FÜHLEN SIE SICH AUF DEN ZAHN!**

- Was provoziert mich? Wo reagiere ich schnell gereizt und unbesonnen?
- Was sind meine eigenen „wunden Punkte"?
- Wie erlebe ich das Verhalten des Kindes? Wann erlebe ich es als belastender, wann als weniger stressig?
- Wie reagiere ich auf das wütende Verhalten? Wie schätze ich meine eigene Reaktion ein? Wovon hängt meine Reaktion ab? Was hilft mir, gelassener zu reagieren?
- Wie wirkt meine Reaktion wohl auf das Kind? Kann ich mein Ziel mit meiner Reaktion erreichen oder eher nicht? Welche Handlungen sind zielführend? Ist mir überhaupt klar, was ich bewirken möchte?

Im nächsten Kapitel lernen Sie eine gute Möglichkeit kennen, die Sie unterstützt, eine Beobachterrolle (Metaebene) einzunehmen.

# Der Umgang mit der eigenen Reaktion

Genauso wie ein Kind lernen muss, mit seinen Emotionen umzugehen, müssen wir Eltern lernen, mit den Emotionen und heftigen Reaktionen der Kinder und v.a. unserer eigenen emotionalen Reaktion darauf umzugehen. Das ist es ein neuer Lernprozess, den wir als Eltern durchschreiten müssen.

> Niemand konfrontiert uns so schonungslos und direkt wie das eigene Kind. Impulsiv, unreflektiert und sehr egozentrisch wirft es uns seine Wut, Enttäuschung, Ablehnung entgegen. Das macht etwas mit uns.

Wenn sich die Wut des Kindes auf Sie als Eltern überträgt und Sie aus dieser Emotion heraus handeln, hat es oft negative Auswirkungen auf den Verlauf der gerade erlebten Situation. Für eine bestimmte Zeit kann man sich vielleicht noch zusammennehmen, wenn aber die Emotionen zu schnell und zu heftig werden, dann fällt man schnell in das alte Fahrwasser und reagiert nach dem alten Muster.

Neurologische Forschungen haben gezeigt, dass unser Gehirn in dieser emotionalen Ausnahmesituation deswegen so reagiert, weil es keinen anderen Weg zur Verfügung hat. Das rationale Denken und Handeln in einer emotional geladenen Situation läuft nicht nur viel langsamer ab als das emotionale Erleben. Es ist teilweise fast unmöglich, in einer solchen Situation rational zu denken. Wir erleben dann, dass wir ebenfalls heftig emotional und irrational reagieren. Im Nachhinein empfinden wir unsere Reaktion als übertrieben oder unangemessen und wir fragen uns, warum wir nicht vernünftiger reagieren konnten.

Damit ein guter Umgang mit Gefühlen möglich ist, muss unser Gehirn den Umgang mit (unerwünschten) Emotionen lernen. Erst dann hat es in einer Stresssituation Wahlmöglichkeiten, um anders beziehungsweise adäquat zu reagieren. Wenn das Gehirn aber nicht weiß, was es im „Ernstfall" tun soll, wird es in einer kritischen Situation immer gleich reagieren, z. B. mit einem Wutanfall.

Auf einer Grundlage einer 20-jährigen Forschung auf diesem Gebiet hat der amerikanische Professor Brent J. Atkinson eine gute Methode entwickelt, diesen Mechanismus zu unterbrechen:

### DAS GEHIRN NEU PROGRAMMIEREN

Atkinsons Grundgedanke besteht darin, dass wir Einfluss auf unsere Reaktionsmuster und Denkabläufe nehmen können und ihnen nicht nur einfach so ausgesetzt sind: Wenn Sie Ihrem Gehirn beibringen, was es in einer emotional geladenen Situation in Zukunft tun soll, steigt die Wahrscheinlichkeit, dass das Gehirn genau das macht, wenn es künftig in eine solche Stresssituation kommt. Es geht darum, das Gehirn neu zu programmieren. Das ist laut der Forschung von Dr. Atkinson und weiteren Fachpersonen sehr gut möglich, denn unser Gehirn macht die Dinge gut, die es oft macht.

Die Erinnerung an ein bestimmtes Ereignis ruft fast dieselben Reaktionen aus wie beim tatsächlichen Erleben des Ereignisses. Das lässt sich besonders gut an negativen Ereignissen aufzeigen: Die Erinnerung an einen Hundebiss löst emotional eine beinahe ebenso heftige Reaktion aus wie der Hundebiss selbst. Insbesondere dann, wenn diese Erfahrung nicht verarbeitet wurde.

Sie können sich vorstellen, dass Erfahrungen, die wiederholt nach demselben Muster ablaufen, noch stärkere Spuren hinterlassen als eine Einzelerfahrung. Ich erkläre dies gerne mit dem Bild eines Weges: Läuft man einmal einen Weg über eine Wiese, hinterlässt das kaum Spuren. Laufen wir aber immer wieder genau diesen Weg, werden die Spuren immer sichtbarer, bis sie zu regelrechten Pfaden werden. Zukünftig wird also immer wieder genau der gleiche Weg gewählt. Genau so funktioniert unser Gehirn, das aus unzähligen solchen Vernetzungen oder Wegen besteht.

### ÜBUNG: NEUE WEGE GEHEN

Die folgende Übung zeigt eine Möglichkeit, die gewünschten Verhaltensweisen neu einzuüben. Sie können diese Übung überall dort machen, wo Sie alleine sind und sich wohlfühlen: zu Hause, im Auto oder im Garten. Wir benutzen dafür die Fähigkeit des Gehirns, alte Verknüpfungen abzubauen und neue aufzubauen.

Nehmen Sie das letzte Ereignis, in dem Sie gespürt haben, dass sich die Wut Ihres Kindes auf Sie übertragen hat und Sie nicht so reagiert haben, wie Sie es wollten. Nehmen Sie sich einen Moment Zeit, diese Situation aus der Erinnerung hervorzuholen und bewusst nochmals durchzugehen. Eventuell war der Auslöser ein bestimmtes Verhalten, eine bestimmte Geste oder ein Satz, der gesagt wurde. Am besten funktioniert es, wenn man alle Sinne in die alte Situation hineinversetzt: Wie sah es damals aus? Wo war es? Was wurde gesagt? Was hörte ich sonst noch? Wie war meine Körperreaktion? ... In der Regel sind die Gefühle schnell wieder da.

Wechseln Sie dann Ihren Fokus und nehmen Sie bewusst wahr, wie Sie sich jetzt fühlen: Spüren Sie, wie sich das anfühlt? Wo genau nehmen Sie die Emotionen wahr? Wie ist Ihr Atem? Schnell oder kurzatmig? Beobachten Sie Ihre Gedanken.

Was genau sagen Sie in Gedanken? So erzeugen Sie dieselben Gefühle und Gedanken, die Sie beim tatsächlichen Ereignis hatten. Halten Sie diese Gefühle und Gedanken für ein paar Sekunden.

Im nächsten Schritt überlegen Sie sich, was helfen könnte, sich zu beruhigen. Und da Sie ja gerade die alten, heftigen Gefühle aktiviert haben, können Sie gleich ausprobieren, ob das tatsächlich helfen würde. Es kann sein, dass Sie tief durchatmen, sich bewegen oder einfach etwas anderes denken müssen. Was würde Sie jetzt beruhigen? Indem Sie eine Veränderung bei sich im Hier und Jetzt bewirken, zeigen Sie Ihrem Gehirn, was es in einer solchen Situation tun kann und soll. Sie gehen hiermit einen neuen Weg bzw. legen eine neue Bahn im Gehirn an. Wenn Sie diese Übung wiederholen, wird Ihr Gehirn sich diesen Weg merken und entwickelt so die Fähigkeit, in der nächsten Situation, die sich so anfühlt, automatisch diesen Weg abzurufen.

Es ist aber eine Frage des Trainings. Wenn Sie im Ärger etwas verändern wollen, müssen Sie es im Ärger üben. Sie kehren sozusagen das Muster um: Sie holen sich das Gefühl (z. B. Wut oder Ärger) bewusst hervor und lernen nun, einen neuen Weg in diesem Gefühl zu reagieren.

**❗ ERGÄNZUNGSÜBUNG**

Wenn sich Ihre Emotionen beruhigt haben, können Sie sich folgende Fragen stellen: Was könnte die positive Absicht hinter dem Verhalten sein? Was ist das Bedürfnis? Gehen Sie davon aus, dass keine böse Absicht im Spiel ist. Was möchte mein Kind wirklich? Am besten notieren Sie sich Ihre Überlegungen und machen diese kleine Übung immer wieder. Sie werden schon bald merken, wie sich Ihre eigenen Reaktionen verändern werden. Konditionieren Sie Ihr Gehirn!

Dass diese Änderungen und neuen Lernprozesse selbst bei großen Herausforderungen möglich sind, beweisen Musiker, Sportler, Piloten uns jeden Tag. Sie trainieren den „Ernstfall" immer und immer wieder, um dann auf der Bühne, beim Wettkampf oder während eines Flugs das Gelernte unter Stressbedingungen abrufen zu können. Beim Wettkampf oder beim Konzert, wenn der Puls bei 180 ist und Sie Lampenfieber haben: In diesem emotionalen Ausnahmezustand kann Ihr Gehirn das Geübte abrufen. Das funktioniert bestens und zeigt, wie lernfähig unser Gehirn ist.

Als Eltern haben Sie leider keinen Übungsraum. Sie haben nur „Wettkampf" oder „Konzert" und können in dieser Ausnahmesituation nur das abrufen, was vorher da war. Gehen Sie bei dieser Übung sozusagen mit Ihrem Gehirn für ein paar Sekunden ins Fitnessstudio. Nehmen Sie als Übungsobjekt am besten immer die letzte Situation, die Sie erlebt haben, und zeigen Sie Ihrem Gehirn, wie es in Zukunft reagieren soll. Kurze Übungen in regelmäßigen Abständen sind sehr effektiv. Durch das Trainieren werden neue Bahnen im Gehirn gebildet, und dann hat das Gehirn Wahlmöglichkeiten, um anders in der jeweiligen Situation zu reagieren.

# Neue Bewältigungsstrategien aufbauen

Für den Umgang mit Konflikten sind gute Bewältigungsstrategien von Vorteil. Man kann Strategien zur besseren Bewältigung von Wutanfällen aufbauen und erlernen.

# Warnzeichen frühzeitig erkennen

Um sich anbahnende Wutanfälle möglichst schnell deeskalieren zu können, ist es wichtig, dass man mögliche Warnzeichen frühzeitig erkennt und angemessen darauf reagiert.

Sowohl Sie als Eltern als auch Ihr Kind können lernen, vorzeitige Anzeichen zu erkennen. Dazu braucht es eine Beurteilung aus der Distanz. Es ist daher sinnvoll, zu einem späteren Zeitpunkt, möglichst wenn man entspannt ist, bewusst über die möglichen Auslöser nachzudenken. Hilfreich ist, unbeteiligte, aber wohlgesinnte Freunde miteinzubeziehen und mit ihnen über die Situationen zu sprechen. Was meinen diese, was mögliche Auslöser sind? Eine weitere Möglichkeit ist, die Situationen aufzuschreiben und zu schauen, ob sich möglicherweise ein Muster ergibt. Beispielsweise könnte sich zeigen, dass Wutanfälle v. a. abends auftreten und damit auf eine Übermüdung hinweisen. Folglich müsste man hier etwas verändern. Bei unserer Tochter konnten wir erkennen, dass ein Kohlenhydratmangel, sprich Hunger, Wutanfälle „begünstigt". Bei einem anderen Kind waren es Überforderungssituationen.

Mit Warnzeichen sind aber nicht nur Auslösesituation gemeint, sondern die Reaktionen, die typischerweise kurz vor dem Wutanfall auftreten. Die meisten Kinder reagieren bereits im Vorfeld gereizter. So beschreibt eine Mutter, dass das Kind auf eine Forderung oft zuerst „motzig" reagiert. Wenn sie dann darauf erwidert, es solle den Tonfall wechseln, eskaliert die Situation meistens in einen Wutanfall. Wenn es der Mutter gelinge, das unfreundliche Verhalten zu ignorieren, gehe es eher wieder vorbei.

## Handeln in der akuten Situation

In einer akuten Situation bzw. bei einem heftigen Wutanfall eines Kindes angemessen zu reagieren ist nicht einfach. In der Regel braucht es zunächst den Aufbau und bewussten Einsatz von guten Strategien. In der Situation selbst ist oft ein anderes Verhalten gefordert als vor oder nach dem Wutanfall.

> Ist ein Wutanfall in vollem Gange, kann ein Kind keine vernünftigen und zurechtweisenden Appelle aufnehmen. Die Hirnforschung zeigt, dass das kindliche Gehirn in diesem Moment sozusagen auf Durchzug schaltet: zum einen Ohr rein, zum anderen wieder raus.

Wenig hilfreich ist zudem, wenn man mit aller Macht etwas erzwingen möchte oder einfach resigniert oder nachgibt. Noch weniger hilfreich ist es, wenn man selber in Wut gerät und die Kontrolle verliert.

> Grundsätzlich gilt: Je höher die eigene Erregung der Beteiligten ist, umso höher ist die Eskalationsgefahr. Es geht in erster Linie darum, Beruhigung in die akute Situation zu bringen.

**HILFREICHE INNERE HALTUNGEN UND REAKTIONEN**

- **Gelassenheit zeigen:** „Ich schreite gelassen ein und lasse mich nicht provozieren!" In Stresssituationen neigen Eltern dazu, auf ihre Kinder einzureden. Bleiben Sie ruhig. Schweigen ist oft am hilfreichsten.
- **Beruhigung reinbringen:** Bleiben Sie selber entspannt. Bieten Sie Ihrem Kind Beruhigungsstrategien an: gemeinsam eine Tasse Beruhigungstee trinken, gut durchatmen ...
- **Distanz und Rückzugsmöglichkeiten schaffen:** Manchen Kindern hilft es, wenn sie sich eine gewisse Zeit zurückziehen dürfen. Erlauben Sie Ihrem Kind, dass es in sein Zimmer oder auf sein Bett gehen darf. Wohlfühlorte helfen, wieder zur Ruhe zu kommen.
- **Ablenkung:** Bei kleinen Kindern ist es sehr hilfreich, die Aufmerksamkeit auf ein anderes Thema zu lenken. Somit verändert sich auch der Gefühlszustand relativ rasch.
- **Angebote für beruhigende Beschäftigung bereithalten und anbieten:** Mandala malen, ruhige Musik hören, eine Massage mit einem beruhigenden Duft, Luftballone aufblasen (hat eine positive Wirkung auf die Atmung), ein warmes Bad einnehmen, Yogaübungen ...
- **Dampfablassstrategien anbieten:** im Garten herumrennen, Zeitschriften zerreißen oder auf ein Kissen einschlagen, bis die physiologische Erregung sinkt. Bieten Sie Ihrem Kind Möglichkeiten an, was es in der Wut alles tun darf.
- **Zuwendung und Interesse zeigen:** Manche Kinder brauchen in so einem Moment Halt und körperliche Nähe. Vor allem kleinere Kinder lassen sich durch Körperkontakt durchaus beruhigen. Es braucht keine Worte, insbesondere keine moralischen Appelle, sondern nur Präsenz.
- **Diskussionsbereitschaft zeigen:** Nicht unmittelbar nach einem Wutanfall, sondern erst Stunden danach. Sie sollten Zeit und Ruhe haben. Sie können ankündigen, dass Sie gemeinsam mit Ihrem Kind, z. B. in dessen Zimmer, Lösungen finden möchten, wie sich ein Wutanfall vermeiden lässt, und auf einen Vorschlag Ihres Kindes warten.

## Dem Wutanfall eine andere Form geben

Eine gute Möglichkeit, mehr Distanz zum Geschehen zu bekommen, ist, den Symptomen die einen Wutanfall im Vorfeld beim Kind ankündigen, eine andere Form zu geben. So können Sie als Eltern das Verhalten einem Tier zuordnen, z. B. einem Drachen, Tiger oder Wolf oder einem Fabelwesen. In der akuten Situation ist es dann einfacher, mehr Distanz zu bekommen, wenn Sie für sich selber sagen können: Aha, der Tiger ist heute zu Besuch, was hat er wohl für Wünsche mitgebracht? Oder: Der Drache schaut heute etwas grimmig drein, wie könnte ich ihn aufheitern? Diese einfache, aber wirksame Technik erlaubt es, neue Wahlmöglichkeiten für Sie und für Ihr Kind zu kreieren. Wichtig ist, dass Sie als Eltern die Benennung der Anzeichen nur für sich benutzen, um selbst mehr Distanz zum Geschehen zu bekommen. Es ist weniger hilfreich, Ihr Kind so zu nennen. Es kann durchaus sein, dass ihm dies hilft, aber nur dann, wenn es selber für seine Wut eine Figur oder Form findet und einen „positiven Bezug" zu dieser Figur hat. Ansonsten fühlt es sich evtl. nicht ernst genommen, und die Wut wächst.

Was in einer akuten Situation hilft, um die Eskalation abzuwenden, ist individuell sehr unterschiedlich und sicherlich abhängig von der jeweiligen Situation. Wichtig ist daher, dass man Bewältigungsstrategien aufbaut und in ruhigen Momenten erarbeitet, was helfen kann.

## Distanz und Entspannung herbeiführen

In allen Beziehungen kommt es zu Konflikten und Spannungen. Je näher uns Menschen und je intensiver die Begegnungen sind, umso wahrscheinlicher sind Konflikte. Wir müssen lernen, diese zu führen und auszuhalten, ohne sie eskalieren zu lassen. Gelassenheit spielt dabei eine wichtige Rolle.

Ablenkung und Kenntnis individueller Beruhigungs- und Entspannungsmöglichkeiten bei uns und im Kind tragen viel zur Deeskalation bei. Ist ein Wutanfall in voller Heftigkeit da, ist es oft schwierig, sich zu entspannen. Das heißt, Entspannungsmöglichkeiten sind v. a. präventiv wirksam. Entspannt bin ich weniger rasch reizbar und kann einen Emotionsausbruch besser abfedern, auffangen oder umlenken.

**ACHTEN SIE AUF SICH SELBST**

In Familien mit vielen Konflikten sollte man zunächst einmal auf sich selbst achten, z. B. dafür sorgen, die Kinder/das Kind mal für ein Wochenende wegzugeben und nur Dinge tun, die einem richtig guttun (Wellness, Sport, Freunde treffen, Kultur).

Diese Empfehlung umzusetzen fällt vielen Eltern schwer. Es gibt Gründe, warum genau das im Moment nicht geht: Man kann doch ein Kind, das so schwierig ist, niemandem anderen zumuten ...

Wenn sich Eltern aber davon überzeugen lassen – vielleicht einfach weil sie am Ende ihrer Kräfte sind –, erleben sie, dass es nicht nur ihnen guttat, sondern plötzlich weniger Konflikte da sind und die Atmosphäre entspannter ist. Die Distanz tut gut. Stress und andere Faktoren haben mehr Einfluss auf das eigene Wohlbefinden und den Umgang mit belastenden Situationen innerhalb der Familie als oft angenommen. Der Zugang zu den eigenen Ressourcen kann dadurch völlig blockiert werden.

Eine Möglichkeit, die hilft, die seelische Gesundheit zu bewahren, ist, eigene Anspannungen, Frustration und Wut rauszulassen und somit abzubauen. Sogenannte Dampfablassstrategien sind wichtig, da auch wir ja nicht frei von Wut sind.

## TIPPS: DAS EIGENE SEELENHEIL IM BLICK BEHALTEN

- Je weniger ausgeglichen ein Kind ist, umso mehr müssen Sie für Ihre eigene Ausgeglichenheit tun. Passen Sie auf, dass Sie sich selber nicht zu sehr zurückstellen und vergessen. Wutausbrüche von Kindern zehren an der Substanz.
- Gönnen Sie sich regelmäßig Dinge, die Sie ablenken und entspannen. Nur entspannte Eltern können gelassen auf emotionale Ausbrüche von Kindern reagieren. Um herauszufinden, was Ihnen guttun könnte, helfen die Antworten auf folgende Fragen:
  - Was habe ich früher immer gerne getan?
  - Wobei vergesse ich die Zeit?
  - Angenommen, ich hätte morgen einen freien Tag, was würde ich am allerliebsten tun?
  - Mit wem und bei was kann ich am besten lachen, herumalbern und mich gehen lassen?
- Üben Sie regelmäßig Beruhigungs- und Entspannungstechniken und nehmen Sie sich immer wieder eine kurze Auszeit – auch dann, wenn es gerade gut läuft!
- In einer angespannten Situation lässt sich kaum ein Konflikt lösen. Besser ist es, so lange auf Distanz (räumlich, verbal oder emotional) zu gehen, bis sich das Kind und wir uns wieder etwas beruhigt haben.
- Bereits kleine Dinge können uns für einen kurzen Moment aus der Situation rausholen und Entspannung herbeiführen:
  - Schauen Sie aus dem Fenster und zählen Sie vorbeiziehende Wolken.
  - Gehen Sie auf den Balkon und atmen Sie tief durch.
  - Lassen Sie im Bad kaltes Wasser über die Hände laufen.
  - Kochen Sie sich eine Tasse Kaffee oder Tee ...

## Auszeit für Ihr Kind

Bei manchen Kindern (ab dem Kindergartenalter) hat es sich bewährt, sie für einige Minuten ein Time-out bzw. eine Auszeit nehmen zu lassen. Sie werden beispielsweise in ihr Zimmer geschickt. Wir empfehlen diese Technik v. a. dann, wenn ein Kind in einem hoch erregten, emotionalen Zustand ist, in dem es beispielsweise nur noch schreit, um sich schlägt oder andere verletzt. Das Time-out hilft dem Kind, sich zu beruhigen. Ich ziehe das Kinderzimmer vor, weil das Kind an seinem Wohlfühlort ist, es Dinge vorfindet, die ihm helfen, sich zu beruhigen, abzulenken oder seinen Ärger auszudrücken: z. B. mit dem Teddybären kuscheln, zu malen oder eine CD zu hören. Bereits nach wenigen Minuten sollte man in das Zimmer des Kindes gehen und ihm sagen, dass es wieder herauskommen darf, wenn es möchte. So überlässt man es ihm, zu entscheiden, ob es noch mehr Zeit braucht. Oft schätzen die Kinder dann die Nähe der Eltern sehr und lassen es gerne zu, wenn man sie in den Arm nimmt und das Gespräch mit ihnen sucht. Wobei es nicht darum geht, zu schimpfen oder zu moralisieren, sondern eher darum, zu fragen: „Was war denn los?"

Jüngere Kinder sollten nicht allein ins Zimmer geschickt werden, da sie sich noch schlecht selber beruhigen können und die Auszeit als Beziehungsabbruch erleben. Sie empfinden dann vielleicht: „Mama hat mich nicht mehr lieb." Bei jüngeren Kindern ist es empfehlenswert, wenn das Kind an der Seite von der Mama oder dem Papa eine Auszeit nimmt.

### WENN SICH EIN UNHEIL ANKÜNDIGT

Nick (5) ist gerade sehr aufgebracht. Er möchte auf keinen Fall seine Schaufel und seinen Eimer mit den anderen Kindern teilen. Er will aber unbedingt an der Sandburg der anderen Kinder mitbauen. Seine Mama schlägt Nick vor, dass er seinen Eimer auch mal Samuel abgibt und dafür mitspielen darf. Damit ist Nick nicht einverstanden. Am liebsten würde er die Sandburg von Samuel und den anderen Kindern zerstören. Tobend läuft er auf sie zu. Da seine Mutter das Unheil voraussieht, holt sie ihn zu sich auf die Bank und verlangt, dass er einige Minuten bei ihr sitzen bleibt. Nick hilft es, dass ihn seine Mama einen Moment tröstend in den Arm nimmt und Verständnis dafür ausdrückt, dass es manchmal ganz schwierig ist, seine Lieblingsdinge zu teilen. Bereits nach wenigen Minuten beruhigt sich der Junge. Er nimmt den Vorschlag seiner Mutter an, mit ihr zusammen eine neue Sandburg zu bauen und Samuel und die anderen Kinder zu fragen, ob sie Lust haben, die beiden Burgen miteinander zu verbinden ...

Time-outs können auch für uns Eltern hilfreich sein. Wenn ich merke, dass ich überfordert und zu emotional bin, ist es wichtig, dass ich für einen kurzen Moment auf Distanz gehe, um mich dann ruhiger wieder auf das Kind einzulassen.

## Entschlossenheit durch Beziehung

Sehr hilfreich sind eine klare Präsenz und Standhaftigkeit, im Sinne von „Ich bin für dich da und bleibe da". Das bedeutet, dass man gerade wenn man Klarheit gegenüber erpresserischen Forderungen der Kinder zeigt, in Beziehung zum Kind bleibt. Die Eltern arbeiten an ihrer Haltung und zeigen dem Kind so ganz deutlich, dass es für sie wichtig ist. Die Psychologen Haim Omer und Arist von Schlippe haben einen bewährten Ansatz im Umgang mit Kindern, die gewalttätig reagieren, und für Familien, in denen es zu vielen Eskalationen kommt, entwickelt. Sie empfehlen, dass Eltern die Unterstützung von

Verwandten und Freunden einholen und dadurch gemeinsam die Präsenz dem Kind gegenüber erhöhen. So kann das Bewusstsein beim Kind gestärkt werden, dass es „gesehen" wird.

## Konstruktive Unterstützung einholen

Auch wenn Sie es vielleicht ab und an glauben: Sie sind nicht allein! Eltern (und auch Pädagogen!) befürchten manchmal, dass ihre Glaubwürdigkeit und Autorität leiden, wenn sie Unterstützung suchen. Glauben Sie das nicht. Holen Sie sich Hilfe!

### WIR UNTERSTÜTZEN UNS GEGENSEITIG

In der Familie Meier eskalierte die Situation immer wieder zu den Zubettgehzeiten. Während der Vater in der Küche das Aufräumen und Abwaschen nach dem Nachtessen übernahm, brachte die Mutter die zwei Jungs (7 und 9 Jahre) ins Bett. Dies war kaum zu leisten, da immer einer genau das Gegenteil machte, was er gerade sollte, und die Mutter den beiden Jungs praktisch „hinterhersprang". Besonders der 9-jährige Tim bekam in den Abendstunden regelmäßige Wutanfälle, die für die Mutter kaum zu bewältigen waren. Auf meine Frage, ob es möglich wäre, dass der Vater mit der Mutter zusammen die Jungs ins Bett bringt, äußerte die Mutter die Sorge, dass ihr die Jungs gar nicht mehr gehorchen würden, wenn sie das am Abend auch nicht alleine schaffte. Sie befürchtete, dass dies ihre Autorität untergraben würde. Tatsächlich schien der Vater in früheren Situationen vermehrt signalisiert zu haben, dass er jetzt übernehmen würde, da die Mutter es allein nicht schaffe.

Wichtig bei der gegenseitigen Unterstützung ist also zu klären, was denn eine hilfreiche Unterstützung wäre. Und dass signalisiert wird:

▶

„Wir unterstützen uns als Eltern gegenseitig!", „Es ist unser gemeinsames Interesse, dass der Abend gut endet". Oder auch: „Wir erwarten beide, dass du, Tim, dich angemessen verhältst und dich bettbereit machst." Und nicht, „Ich kann es besser als du" oder „Ich helfe dir, weil du es nicht selber kannst".

Familie Meier fand schließlich die Lösung, dass sie gleichzeitig je einen Jungen alternierend ins Bett brachten, die Eltern dabei viel Zeit für je ein Kind hatten und die Abende damit viel ruhiger verliefen. Die Küche räumten sie anschließend gemeinsam auf und fanden dabei sogar etwas Zeit für ein ruhiges Gespräch.

# Machtkämpfe: Was ist gesund und wo wird es kritisch?

Um es mal ganz deutlich zu sagen: Es ist legitim, dass das Kind ebenfalls seinen Willen durchsetzen will! Problematisch wird es, wenn wir in einen Machtkampf kommen und jeder seinen Willen durchsetzen will. Ein Machtkampf schadet der Beziehung und der Erziehung.

Natürlich geht es nicht darum, dass wir uns dem Willen der Kinder beugen und einfach so nachgeben. „Dann mach halt, was du willst, du machst es ja eh " – dieser Satz zeigt, dass wir resignieren. Wir haben verloren. Doch ein Durchsetzen unseres Willens ohne Rücksicht auf Verluste ist auch keine konstruktive Lösung in so einer Situation. Denn es kann zu einer sogenannten „symmetrischen Eskalation" kommen. Das bedeutet: Je mehr Druck wir auf das Kind ausüben, umso mehr Gegendruck wird erzeugt. Am Ende gibt es bei diesem Muster nur Verlierer und keine Gewinner. Wenn wir mit aller Macht unseren Willen durchsetzen und beweisen wollen, dass wir der Boss sind, ist das Risiko hoch, dass es zu Gewalt kommt und wir zum „Täter" werden. Zu drohen, das Kind anzuschreien und zu erpressen verstärkt das Risiko einer solchen symmetrischen Eskalation.

> Kinder müssen lernen, Konflikte angemessen zu lösen. Dazu gehört, dass sie lernen, Kompromisse zu finden und neuen, sozial angemessenen Konfliktlösungen mit Offenheit zu begegnen. Am besten kann ein Kind das lernen, wenn es genau dieses Verhalten von den Eltern lernt: aushandeln, gemeinsam eine Lösung finden, einen Kompromiss eingehen. Es geht wie immer um Modelllernen!

Dieser Lernprozess ist ein Entwicklungsprozess und abhängig vom Alter des Kindes. Je jünger ein Kind ist, umso klarer und enger sollten die Vorgaben sein.

## Erklärungen führen zu Akzeptanz

Es ist unsinnig, mit einem dreijährigen Kind darüber zu diskutieren, ob es Cola trinken darf oder nicht. Wenn die Eltern denken, dass Cola für ein dreijähriges Kind ungesund ist und nicht erlauben möchten, braucht es keine Diskussion. Wir können bereits Kindern in diesem Alter erklären, warum wir diese klare Meinung vertreten, wir dürfen aber nicht erwarten, dass das Kind unsere Haltung bereits versteht oder einfach so akzeptiert.

Erklärungen sind wichtig, und je älter ein Kind wird, umso mehr erleben Eltern, dass manche Erklärungen dem Kind helfen, die Regeln der Eltern zu akzeptieren. Die meisten Eltern berichten, dass sie ab etwa zehn Jahren merken, dass ihr Kind „langsam vernünftiger" wird. Sie erleben, dass ihr Kind die elterlichen Argumente eher verstehen und nachvollziehen kann. Bei jüngeren Kindern merken wir, dass die elterlichen Erklärungen nicht verstanden werden oder für das Kind nicht als legitim gelten. Darum bringt es gar nichts, sich mit dem Kleinkind in eine Diskussion zu verstricken. Dennoch sollten Eltern bereits einem jungen Kind erklären, warum es heute eine Kappe aufsetzen soll.

Zentral für uns ist, dass wir uns beim Aufstellen von Regeln immer die Absicht dieser Regel vor Augen halten: Warum ist mir das wichtig? Braucht es diese Regel?

## EIN SCHÖNER MACHTKAMPF

Ich möchte, dass Yannick die Mütze aufsetzt, damit er sich nicht erkältet. Wenn Yannick nun aber auf keinen Fall die Mütze aufsetzen will, kann ich klar bei meiner Absicht bleiben: Er soll sich nicht erkälten. Unter Umständen erreiche ich mein Ziel aber auf einem anderen Weg und biete damit einen Kompromiss an.

Zurück zur Ausgangslage: Yannick will auf keinen Fall „diese blöde Mütze" aufsetzen. Ich kann nun in einen Streit einsteigen und einen Machtkampf provozieren: „Du musst diese Mütze aufsetzen – und damit basta." Erfahrungsgemäß reagieren Kinder dann mit Widerstand. Sie sagen: „Ich mach das auf keinen Fall!"

Oder: Ich kann erklären, dass es zu kalt ist, um ohne Kopfbedeckung rauszugehen, und gleichzeitig das Angebot machen, eine andere Lösung zu finden: „Ohne Mütze geht es heute nicht. Aber vielleicht möchtest du die deines Bruders oder die Kapuze deiner Jacke aufsetzen?"

## Die beste Lösung für alle finden

Sehr oft können wir bei einem solchen „Kooperationsangebot mit gewissen Mitentscheidungsfreiheiten" feststellen, dass sich das Kind auf unsere Vorgaben einlässt. Einerseits hilft es ihm, sein Gesicht zu wahren, andererseits bieten Sie Ihrem Kind Wahlmöglichkeiten an, die es eventuell gar nicht in Betracht gezogen hat. Plötzlich hat es neue und oft interessantere Wege zur Auswahl.

Diese Prozesse sind wie bereits gesagt Lernprozesse, und nicht immer gelingen sie auf Anhieb. Wichtig ist die Haltung bzw. das Beziehungsangebot hinter unserer Erziehungsabsicht. Die Haltung „Ich bin der Boss und habe bis zuletzt das Sagen" wirkt ganz anders als die Haltung „Ich zeige dir meine gut gemeinte Absicht auf, und wenn du diese anerkennst, können wir einen Weg finden, wie sich diese erreichen lässt."

> **Unsere klare Haltung macht dem Kind unser Interesse an ihm und unsere emotionale Zugewandtheit sichtbar.**

Je älter die Kinder werden, umso mehr machen wir zudem die Erfahrung, dass unsere Absicht angepasst oder neu ausgehandelt werden muss. Mit der Entwicklung unserer Kinder verändern sich deren Mitentscheidungsmöglichkeiten und -fähigkeiten. Oft müssen dann eher wir Eltern lernen, dem Kind bzw. Jugendlichen mehr Freiheiten und Selbstständigkeit zuzugestehen.

## VERSCHIEDENE WEGE, UM EIN ZIEL ZU ERREICHEN

„Ich will diese Hose, egal was sie kostet!", so die 13-jährige Kerstin. Wenn ich darauf entgegne: „Nein! Ende der Diskussion!" verstehe ich erstens nicht, warum gerade diese Hose so wichtig ist, und zweitens vergebe ich in dieser Situation eine Chance: dass das Kind lernt, dass man etwas dafür investieren muss, wenn etwas wirklich wichtig ist. Meine Position ist klar: Die Hose ist eindeutig zu teuer. Für Kerstin steht aber fest: Ohne diese Hose, die im Moment so mega-in ist, gehöre ich nicht dazu, weil (scheinbar) gerade alle diese Hose haben. Ein diskussionsloses Nein, würde Kerstin das Gefühl geben, dass ich sie nicht verstehe. Wenn ich hingegen erst mal verstehen möchte, warum gerade *diese* Hose so wichtig ist, kann ich mit Kerstin in ein Gespräch kommen über Gruppendruck, Budget usw.

Auch wenn ich nicht erwarten darf, dass Kerstin meine Sicht als Mutter bereits heute versteht, lernt sie, dass es immer mehrere Sichtweisen und Prioritäten gibt. Ich gebe ihr damit eher das Gefühl, ihre Sichtweise zu verstehen, aber dennoch eine andere Meinung zu haben. Zudem gibt es mir als Mutter die Chance, meine eigenen Prioritäten und Sichtweisen zu überprüfen. Allenfalls lässt sich so sogar ein Kompromiss finden, da ich ihre Sichtweise bzw. ihr Anliegen als legitim empfinde. Ich kann ihr dann mögliche Lösungen aufzeigen (Taschengeld verdienen und etwas zur Hose beisteuern oder dafür auf etwas anderes verzichten) oder gar mit ihr zusammen Ideen für Lösungen entwickeln. Auf diese Weise ist eine Begegnung und Lösungssuche auf Augenhöhe möglich. Zusätzlich hebt dieses Vorgehen die zukünftige Kompromisssuche und Diskussionen auf ein anderes Level. Anstatt nur zu sagen: „Ich will", wird es Kerstin in Zukunft leichter fallen zu sagen: „Ich möchte/wünsche mir ..., weil es für mich wichtig ist."

**TIPPS: SO ENTKOMMEN SIE DEM MACHTKAMPF**

- **Reflektieren Sie immer wieder Ihre eigene Haltung.** Was muss wirklich sein, und wo kann ich Kompromisse eingehen? Es geht nicht darum, nachzugeben, sondern klare Signale zu setzen, was sein muss. Je klarer wir uns über unsere eigentlichen Absichten sind, umso deutlicher wirken diese nach außen und umso mehr geben wir dem Kind Orientierung und damit Halt.
- **Kompromisse statt Machtkampf.** Je älter ein Kind wird, umso mehr muss sein Bedürfnis nach Selbstbestimmung in einem Entscheidungsprozess berücksichtigt werden. Mit dieser Haltung nehme ich das Kind und seine Anliegen ernst, mache ihm aber deutlich, dass ich ebenfalls Anliegen habe, die mir wichtig sind. Gemeinsam entsteht so ein „Aufeinanderzugehen", was die Beziehung stärkt.
- **Seien Sie Vorbild.** Kompromisse zu bilden können Kinder nur lernen, wenn wir als Eltern vorbildlicher sind. Einen vernünftigen Kompromiss einzugehen bedeutet nicht, dass man „verloren" oder nachgegeben hat, sondern dass es zwei Gewinner gibt.
- **Kreativität hilft!** Die meisten Ziele lassen sich durch verschiedene Wege erreichen. So auch unsere Erziehungsziele. Je kreativer und verspielter wir sind, umso entspannter ist die Erziehung insgesamt.
- **Rollentausch mit Perspektivwechsel.** Ein spielerischer Rollentausch bei Argumentationen mit Kindern und Jugendlichen bewirkt auf beiden Seiten Wunder. Ein Beispiel: Sie möchten, dass Ihre Tochter um 22 Uhr zu Hause ist. Tauschen Sie die Rollen und spielen Sie das Gespräch neu durch.
- **Miteinander reden hilft.** Ich empfehle regelmäßige Familienkonferenzen, in denen jedes Familienmitglied seine Anliegen einbringen kann und gemeinsam nach Lösungen gesucht wird.

- **Nehmen Sie sich Zeit.** Reagieren Sie nicht sofort, lassen Sie sich Zeit und versuchen Sie, die Metaebene einzunehmen: Was sind Ihre Bedürfnisse und was sind die Bedürfnisse Ihres Kindes? Verlangsamen Sie den Prozess. Der Standardsatz „Ich muss mir das zuerst durch den Kopf gehen lassen" hilft, sich Zeit zu verschaffen. So kann die eigene Haltung reflektiert und unter Umständen angepasst werden.
- **Wünschen statt fordern.** Helfen Sie Ihrem Kind, den Unterschied zwischen Wollen und Wünschen zu lernen. Es ist legitim zu bitten und wünschen, aber nicht zu fordern.

## Regeln sind wichtig

Regeln helfen, das Familienleben zu vereinfachen. So muss nicht ständig alles neu ausgehandelt werden. Zentral ist dabei, dass die Regeln klar ausgesprochen, noch besser sogar schriftlich festgehalten werden.

Achten Sie darauf, dass es nicht zu viele Regeln gibt: Niemand fühlt sich wohl, wenn alles reglementiert ist und man permanent das Gefühl hat, sich an Regeln halten zu müssen. Überlegen Sie, was Ihnen im Moment gerade am wichtigsten ist und was Ihrer Meinung nach besser funktionieren müsste. Sie werden erleben, dass je nach Alter des Kindes gewisse Dinge noch als Regel festgehalten werden müssen (z. B. das Zähneputzen bei Fünfjährigen), während diese für ein älteres Kind selbstverständlich werden, dafür neue Themen dazukommen, die wieder abgesprochen werden müssen. Setzen Sie Prioritäten. Das Festhalten von drei bis fünf Regeln ist sinnvoll. Das bedeutet aber, dass manche Dinge, die Ihnen zwar wichtig sind, aber noch nicht ganz gut funktionieren, im Moment weniger Gewicht haben und daher mit Gelassenheit darauf reagiert werden sollte. Z. B.

dass Sie sich nicht jedes Mal aufregen, wenn die Jacke noch nicht an ihrem Ort aufgehängt wird, da im Moment mit dem Kind an anderen Themen gearbeitet wird. Das Thema Jackeaufhängen wird zu einem späteren Zeitpunkt bewusst aufgenommen, falls es dann noch nötig sein wird.

### TIPP: REGELN DURCHSETZEN

Überprüfen Sie sehr gut und genau, welche Regeln es wirklich braucht und welche man überhaupt durchsetzen kann. Auch hier empfiehlt sich eine gute Reflexion. Braucht es diese Regel wirklich? Ist die Anforderung nicht zu hoch für das Kind? Haben wir zu viele Regeln? Welche Konsequenzen wollen wir bei Nichteinhalten der Regel einführen?

Legen Sie die Regeln gemeinsam mit dem Kind fest. Auch das Kind soll Vorschläge einbringen, was für ein möglichst harmonisches Familienleben wichtig sein könnte. Um gemeinsam wichtige Regeln festzulegen und auszuhandeln, eigenen sich regelmäßige Familienkonferenzen.

Grundsätzlich kann die Haltung vertreten werden, dass gemeinsam festgelegte Regeln gelten. Ist das Einhalten einer Regel schwierig oder kommt es immer wieder zu Regelbrüchen, muss überprüft werden, ob die Regel angepasst werden muss oder ob es eine Konsequenz braucht.

## Strafen, um konsequent zu bleiben?

Viele Eltern denken, dass sie strafen müssen, um zu beweisen, dass es ihnen mit einer Regel ernst war. Ich mahne da zur Vorsicht. Zum einen dürfen alle, auch Kinder, mal Fehler machen. Achten Sie darauf, ob die Regel mit Absicht gebrochen wurde oder nicht. Vielleicht war die Vorgabe noch zu wenig klar. Einmal ist keinmal. Stellen Sie sich vor, sie würden bei all Ihren Regelbrüchen (neben dem Zebrastreifen über die Straße laufen, ohne Licht Fahrrad fahren, den Chef nicht nett begrüßen, WC-Papier nicht sofort wieder auffüllen ...) immer und sofort bestraft. Das wäre doch furchtbar!

Das Kind soll nicht nur die Regeln kennen, sondern auch die Auswirkung, wenn es diese bricht. Beim ersten Regelbruch soll als Folge über die nächste Konsequenz gesprochen werden. Und diese muss dann unbedingt angemessen und möglichst logisch und verständlich sein.

> Strafandrohungen zu äußern, ohne nachfolgende Konsequenzen zu ziehen, ist sinnlos. Wenn Sie Strafe androhen, müssen Sie diese auch durchziehen. Sonst werden Sie als Eltern unglaubwürdig und müssen im schlimmsten Fall zu immer härteren Strafandrohungen und dann zu härteren Strafen greifen.

Wie oft hören wir Eltern sagen: „Wenn du nicht sofort aufhörst, gehen wir nach Hause." Eltern äußern Sätze wie diesen, ohne zu überlegen, was sie für sie selber bedeuten würden und welche Konsequenzen für sie als Eltern aus dieser Androhung folgten; auch sie müssten dann das nette Gespräch mit der Freundin auf dem Spielplatz beenden.

Das bedeutet: Die Lösung dieser Situation liegt nicht beim Durchziehen der Strafe, sondern darin, keine Strafandrohungen auszusprechen. Zunächst geht es meist darum zu erklären, warum dieses Verhalten so jetzt nicht geduldet werden kann. Eine gute Erklärung sollte in den meisten Fällen schon reichen.

**TIPP: NEHMEN SIE IHR KIND
MIT IN DIE VERANTWORTUNG**

Beziehen Sie größere Kinder und Jugendliche in die Diskussion, welche Konsequenzen auf einen Regelbruch folgen sollten, ein. Beispielsweise können Sie den Jugendlichen die direkten Folgen des Zuspätkommens mitbestimmen lassen. Ebenso, was geschieht, wenn der Handykonsum nicht wie vereinbart eingehalten wird. Damit werden nicht nur die Regeln verbindlicher, sondern auch die Konsequenz auf einen Regelbruch wird eher akzeptiert.

## Perspektivenwechsel helfen Ihrem Kind zu verstehen

Helfen Sie Ihrem Kind, sein Verhalten zu verstehen: „Es geht nicht, dass du das andere Kind nicht rutschen lässt. Schau mal, es möchte genau wie du Spaß haben und ist traurig, wenn es nie rutschen darf." Bei einer guten Erklärung wird dem Kind der Zusammenhang zwischen seinem Verhalten (Rutsche versperren) und dessen Auswirkung (anderes Kind wird traurig) deutlich gemacht. Und das kann Ihr Kind verstehen. Bei einer Strafandrohung versteht es etwas ganz anderes: Rutsche versperren – wir gehen nach Hause.

Wenn eine Ermahnung dennoch notwendig wird, dann mit einer Konsequenz, die man sogleich durchsetzen kann. Zum Beispiel so: Das Kind versperrt weiterhin die Rutsche, also muss es selber eine gewisse Zeit aussetzen und zusehen, wie die anderen Kinder Spaß haben.

**Verzichten Sie auf die Androhung von Strafe, Sie können nur verlieren!**

# Erklärungen und Ansagen geben den Weg vor

Kinder testen die Grenzen der Eltern und der Gesellschaft immer wieder. Einerseits weil sie es noch nicht besser wissen, andererseits weil ihnen ihre eigenen Bedürfnisse und Anliegen im Vordergrund stehen und sie lernen müssen, diese zurückzustecken.

Es ist die Aufgabe und Pflicht der Eltern, die Kinder an diese Grenzen zu erinnern und in Gesprächen zu erklären, warum es Normen, Regeln und auch Verbote gibt. Ruhige Erklärungen und Gespräche führen dazu, dass das Kind neue Verhaltensweisen lernen und Einsicht erleben kann.

Gute Gespräche kann man nicht in Phasen der Eskalation bzw. in emotionalen Momenten führen. Man braucht dazu Ruhe und die Bereitschaft, einander zuzuhören. Dafür empfiehlt sich das Einführen von regelmäßigen Familiengesprächen, sogenannten Familienkonferenzen, in denen über gemeinsame Regeln und Schwierigkeiten gesprochen wird.

---

**IMMER DIESE SCHMUTZWÄSCHE**

„Jan, immer wieder vergisst du, deine Schmutzwäsche in den Waschraum zu bringen. Ich bin nicht mehr bereit, deine Schmutzwäsche zusammenzusuchen. Das heißt, nächste Woche werde ich keine Socken mehr für dich waschen. Was hilft dir, daran zu denken, die Wäsche zusammenzusuchen? Hast du eine Idee, wie wir das ändern könnten?"

---

Wenn das Kind etwas lernen soll, dann braucht es eine Erklärung, was nicht gut gelaufen ist, und eine klare Ansage, was das nächste Mal besser laufen sollte. Eine Erziehungsmaßnahme ohne Erklärung ist selten hilfreich. Es geht überhaupt nicht darum, stundenlang auf das Kind einzureden. Im Gegenteil: Diskussionen bringen oft gar nichts, sondern führen eher dazu, dass die Situation über kurz oder lang eskaliert. Und eine Erklärung ersetzt die klare Konsequenz auch nicht. Wenn es Zeit dafür ist, den Fernseher auszuschalten, dann ist es Zeit. Wenn es das Kind nicht selber macht, dann mache ich es, aber ich sage gleichzeitig, warum ich es tue.

Gerade bei kleineren Kinder reichen Erklärungen allein oft nicht, damit sie verstehen, warum eine Regel (z. B. nicht auf die Straße zu rennen oder einen Fahrradhelm tragen zu müssen) notwendig ist. Dennoch sollte man es auf keinen Fall verpassen, möglichst früh jedes Mal (auch dem Kleinkind) zu erklären, warum man auf etwas besteht. Indem wir immer wieder unsere Absicht verbalisieren, lernen Kinder zu verstehen, um was es geht.

Ich darf aber nicht erwarten, dass mein Kind mein Handeln immer versteht oder akzeptiert. Es darf weiterhin anderer Meinung sein, dennoch bleibe ich bei meiner Haltung. Aber jede Handlung braucht mindestens eine Erklärung. Längerfristig kann ein Kind zur Einsicht kommen, wenn es wirklich begreift, worum es den Eltern geht.

Übrigens helfen Erklärungen auch uns Eltern, nochmals der genauen Absicht unserer Maßnahme auf die Spur zu kommen. Das Argument „Weil ich es so will und damit basta!" ist kein hilfreicher Erziehungsansatz.

# So wie du – Eltern sind Vorbilder!

Mit allem, was wir Eltern tun, und selbst mit dem, was wir nicht tun – wir sind Vorbilder! Wer seinem Kind freundliches, soziales und ehrliches Verhalten vorlebt, prägt sein Verhalten am stärksten. Eltern, die viel mit ihren Kindern sprechen, sind Vorbilder, die aufzeigen, dass man etliche Probleme durch ein Gespräch lösen und andere Menschen besser verstehen kann. Kommunikationsbereitschaft beeinflusst Beziehungen positiv! Das Gespräch hilft uns, Kinder besser zu verstehen. Sie lernen von uns, dass man über Probleme und Gefühle sprechen kann. Wenn sie verstehen, ihr Befinden in Worte zu fassen und ihre Absichten auszudrücken, haben wir einen der wichtigsten Zugänge zum Kind und somit ein starkes Mittel für unsere Beziehung.

Ein Angebot zu einem Gespräch ist immer auch ein Beziehungsangebot. Es drückt aus: Ich interessiere mich für dich, ich will dich besser verstehen, du bist mir wichtig.

# Du schaffst das!

In diesem Buch wird immer wieder erwähnt, wie wichtig gute Beziehungen sind. Eine schöne Eltern-Kind-Beziehung ist geprägt von viel Wertschätzung, Interesse am Kind, Akzeptanz und Anerkennung. Wenn es darum geht, dass ein Kind ein negatives Verhalten (z. B. Wutausbrüche) ablegen und neues Verhalten aufbauen soll, dann haben sich positive Bestärkungen in Form von Lob, Anerkennung und Belohnung besonders bewährt. Kinder lernen schnell und gut über positive Zuwendungen.

Dabei geht es darum, die Aufmerksamkeit auf das Gute zu lenken, das vom Kind ausgeht, und dafür Anerkennung, Freude über die erzielten Fortschritte und Ermutigung zu zeigen. Lob und Belohnung helfen dabei, angemessene Verhaltensweisen aufzubauen, und wirken länger als Strafen oder Tadel. Leider nehmen viele Eltern positive Verhaltensweisen als selbstverständlich an und fokussieren allzu oft auf die Schwächen. Hier ist es hilfreich, wenn wir auf unsere eigene Wahrnehmung und Reaktionen achten und mit Lob nicht geizen.

### TIPPS: POSITIVES BESTÄRKEN

- Kinder brauchen viel Verständnis, Bekräftigung und Liebe. Egal was passiert, sie benötigen die Gewissheit, dass sie so geliebt werden, wie sie sind. Machen Sie daher in Ihren Rückmeldungen an das Kind eine Unterscheidung zwischen dem Verhalten und dem Wesen des Kindes: „Dieses wütende Getue (Geschrei, Herumschlagen ...) von dir passt mir gar nicht, aber du bist mir ganz wichtig und ich habe dich sehr lieb."
- Vor allem bei „schwierigen" Kindern bzw. Kindern in schwierigen Lebensphasen sollten wir uns ganz bewusst bemühen, positive Verhaltensweisen zu beachten und verstärken!

## Nach einem Wutanfall

Es wurde beschrieben, dass das Kind während des Wutanfalls in einem „außerordentlichen Zustand" ist. In diesem Moment geht es vor allem darum, das laufende Verhaltensmuster zu unterbrechen, die Situation zu beruhigen und zu deeskalieren. Schimpfen, drohen, Vernunftsappelle und gut gemeinte Ratschläge fruchten während des Anfalls kaum, da sie gar nicht aufgenommen werden können.

Nach dem Wutanfall, wenn eine emotionale Distanz zur Situation besteht, ist es sinnvoll, nochmals im Rahmen eines klärenden Gesprächs auf das Erlebte einzugehen. Dazu braucht es aber einen ruhigen Moment, in dem alle Gesprächsbeteiligten möglichst entspannt sind und das Kind sich wohl und sicher fühlt. Bei manchen Kindern funktioniert das gut, wenn man dabei einen Spaziergang macht, bei anderen ist am Abend vor dem Zubettgehen eine gute Gelegenheit dazu. Auch hier wieder: Zu schimpfen, klagen oder moralisierend auf das Kind einzuwirken ist nicht zielführend. Hilfreich ist hingegen, Verständnis und Interesse zu zeigen.

### FRAGEN NACH DEM WUTAUSBRUCH   ❗

Wenn sich nach einem Wutanfall die Wogen geglättet haben, sollte man in Ruhe hinterfragen, was die Gründe, eventuell hinter dem Wutausbruch liegende Bedürfnisse oder der Auslöser waren. Mögliche Fragen könnten sein:

- **Fragen zum Auslöser:** Was war denn eigentlich los? Was hat das Wutmonster in dir geweckt? Was hat dich so auf die Palme gebracht?
- **Fragen zur akuten Situation:** Was hätte/hat dir geholfen? Wie war es für dich, als ich dich aufs Zimmer geschickt habe/dir die Zeitung zum Zerreißen gegeben habe?
- **Fragen, wie es anders ablaufen könnte:** Was denkst du, hilft dir das nächste Mal, anders zu reagieren? Was kann ich dazu beitragen, was glaubst du?

Neben unserem Verständnis brauchen Kinder oder Jugendliche eine klare Haltung, was man bei Frust und Wut machen darf und was nicht. Wenn es zu einem Schaden gekommen ist, muss klar signalisiert werden, dass hier eine Grenze überschritten wurde. Gemeinsam sollte über eine mögliche Konsequenz gesprochen werden. Größere Kinder werden gefragt, welche Wiedergutmachung sie vorschlagen.

## Wiedergutmachung und Entschuldigung

Wenn jemand (absichtlich) ein Unrecht getan hat, dann entstehen Folgen (z. B. ein Sachschaden) und oft auch Schuldgefühle. Wenn diese Folgen beseitigt oder gemildert werden können oder ein Ausgleich stattfinden kann, werden nicht nur die Folgen dieses Unrechts kompensiert, sondern es wird den Kindern ermöglicht, die moralische Schuld zu beseitigen oder zu mildern. Wenn keine Wiedergutmachung möglich ist, kann ein Ausgleich für eine aufgeladene Schuld sinnvoll sein. Das ist deshalb wichtig, weil er eine Entlastung ermöglicht. Eine Wiedergutmachung ist in der Regel mit einer Einsicht in die eigene Tat und einer Entschuldigung verbunden.

Kinder wie Erwachsene machen Fehler, die sie später bitter bereuen. Man braucht die Möglichkeit, sich moralisch zu entlasten und um Entschuldigung oder Vergebung bitten zu können. Ich erlebe immer wieder, dass Kinder sehr froh sind, wenn man ihnen einen Vorschlag für eine Wiedergutmachung macht.

 **BEISPIEL FÜR EINE WIEDERGUTMACHUNG**

„Ich bin im Moment traurig und wütend, da du mein Arbeitsblatt absichtlich zerstört hast. Ich weiß, dass du es getan hast, weil ich gerade keine Zeit für dich hatte. Dennoch kann ich nicht akzeptieren, dass du mir absichtlich etwas kaputt machst. Da ich jetzt nochmals an diesem Arbeitsblatt arbeiten muss, habe ich weniger Zeit. Als Wiedergutmachung sollst du mir helfen, die Wäsche zusammenzulegen."

Achtung: Wir erwarten oft, dass sich Kinder sofort für ihr ausgeübtes Unrecht entschuldigen. Natürlich ist es wichtig, dass sie lernen, sich für ihre Taten zu verantworten und zu entschuldigen. Eine echte Entschuldigung hat mit Reue zu tun und dem Bedürfnis, um Vergebung zu bitten. Das setzt voraus, dass man einsieht, was man falsch gemacht hat, und bereit ist, dies einzugestehen.

Ich glaube, Kinder spüren intuitiv richtig, dass man sich nicht auf Befehl entschuldigen kann („Jetzt musst du dich aber entschuldigen!", „Sag schön Entschuldigung!"). Wenn wir das von ihnen verlangen, sind sie oft innerlich noch gar nicht bereit dazu. Sie haben eventuell noch nicht verstanden, was sie falsch gemacht haben, oder sind selber noch zu gekränkt oder beschämt, um für den eigenen Fehler einzustehen. Uns Erwachsenen geht es ähnlich. Ich glaube, jeder hat schon einmal so eine Situation erlebt. Welche Lehren haben Sie daraus gezogen? Welche Lehren wird Ihr Kind daraus ziehen?

Kinder sollen zwar lernen, sich für getanes Unrecht zu entschuldigen. Gleichzeitig müssen sie aber wissen, dass wir bemüht sind zu verstehen, was ihr Bedürfnis war. Wir geben ihnen Zeit dafür, eigene Formen der Entschuldigung zu finden. Das kann ein Handschlag, eine Zeichnung oder ein Hilfsangebot sein. Ich beobachte immer wieder, dass Kinder sich entschuldigen, indem sie dem Geschwisterkind nachher duldsam helfen oder mit ihm das Lieblingsessen großzügig teilen. Das sollte man als wohlgemeinte Entschuldigung einordnen und gerne so benennen: „Ich sehe, dass es dir leidtut und du es wiedergutmachen möchtest. Das freut mich sehr."

Auch beim Entschuldigen sind wir Erwachsenen Vorbilder! Am besten lernen Kinder, wenn wir uns auch beim Kind entschuldigen. Doch wie oft fällt es uns selbst schwer, uns zu entschuldigen?

## Warum keine Strafen?

Obwohl eine Strafe noch immer zu den beliebtesten Erziehungs-maßnahmen gehört, ist es die Handlung, die die geringsten Erfolgsaussichten verspricht und am meisten Reflexion abver-langt, damit sie überhaupt wirksam ist.

Strafen ist aufgrund folgender Überlegungen kritisch:

1. Eine Strafe ist immer ein Eingriff in den freien Willen und die Selbstbestimmung des Kindes. Durch Strafe lernt das Kind, sich dem Willen einer anderen Person unterzuordnen (oder es lehnt sich dagegen auf und tritt in einen Machtkampf).
2. Durch eine Strafe allein kann ein erwünschtes Verhalten nicht auf-gebaut werden, da keine Alternative für das unerwünschte Verhal-ten aufgezeigt wird.
3. Durch die Strafe selbst lernt das Kind nichts Neues. Es weiß nicht, wie es sich das nächste Mal verhalten soll.
4. Strafen führen zumeist nur zu einer kurzfristigen Verhaltensände-rung. Die Folge ist häufig: Je mehr man straft, umso mehr muss man strafen.
5. Durch Strafe erhält das Kind keine Einsicht in sein Fehlverhal-ten und lernt keine Empathie. Es wird eher in seinen feindseligen Menschenbildern und negativen Gefühlen wie Wut, Aggression und Ablehnung bestätigt. Oft kommen Scham- und Schuldgefühle auf oder gar Angst.
6. Strafen belasten das Beziehungs- und Vertrauensverhältnis zum Kind. Wenn ein Kind häufig für Fehler und Schwächen bestraft wird, wird es versuchen, diese Strafen zu vermeiden. Es kann sein, dass es dann den Eltern nicht mehr anvertraut, wenn es einen Fehler gemacht oder eine schlechte Schulnote geschrieben hat. Es verheimlicht immer mehr und wendet sich auch in Notsituationen

nicht mehr an die Eltern. Im schlimmsten Fall bekommt das Kind sogar Angst vor dem strafenden Elternteil.

7. Eltern und Erzieher sind immer Vorbilder. Auch mein Strafverhalten ist ein Modellverhalten. Das bedeutet, das Kind lernt, wie es sich verhalten soll, wenn es etwas durchsetzen will. Beispielsweise folgt auf die elterliche Ansage „Weil ich es will ..." logischerweise häufig ein ebenso stures Verweigerungsverhalten.

8. Es gibt keine „fairen" Strafen. Obwohl Eltern und Erzieher sich gerne einreden, dass sie fair bestrafen, ist dies praktisch ein Ding der Unmöglichkeit.

9. Viele Strafen sind auch deswegen kritisch, weil Erzieher und Eltern häufig Aufgaben zu Strafen machen, die eigentlich zum Leben dazugehören und nicht als Strafe wahrgenommen werden sollten. Insbesondere viele Schulstrafen, wie beispielsweise zur Strafe einen Aufsatz schreiben zu müssen, bekommen somit leider einen negativen Stellenwert. Oder das Beispiel, zur Strafe abwaschen zu müssen: Jedes Mal wenn wir das Kind sonst zum Abwaschen auffordern, wird es wohl mit Widerwillen darauf reagieren. Das ist aber nicht verwunderlich, wenn Abwaschen als Strafe festgelegt wurde!

10. Umgekehrt erleben Erzieher immer wieder, dass sie das Kind mit etwas bestrafen wollten und es dann mit Freude bei der Sache ist. Wie im Beispiel des Schulverweigerers, der dem Hausmeister für sein Fehlen im Unterricht bei der Gartenarbeit helfen muss – und der Hausmeister erlebt einen hoch motivierten Jungen.

11. Strafe ist nur gerechtfertigt, wenn das Kind anders hätte handeln können. Das heißt, das Kind muss absichtlich und willentlich einen Schaden herbeigeführt haben. Strafe bei unabsichtlichem, z. B. schusseligem, unvorsichtigem oder unaufmerksamem Verhalten ist nicht gerechtfertigt. Und selbst bei absichtlich herbeigeführtem Schaden sollte man zuerst verstehen, warum ein Kind das gemacht hat: Was wollte es damit bezwecken?

12. Häufig schneiden sich Erzieher ins eigene Fleisch, weil sie Strafen anwenden, die auch für sie selbst negative Folgen haben. Beispielsweise die Strafe, bei einem Besuch sofort nach Hause zu gehen, wenn das Kind nicht gehorsam ist. Das ist letztlich für die Eltern unangenehm. Ich erlebe immer wieder Kinder, die ihre Eltern genau mit diesem Mittel in der Hand haben: Sie bringen die Eltern dazu, eine Strafe durchzuziehen, die den Eltern mehr schadet als ihnen bzw. für sie sogar einen Gewinn bringt (z. B. wenn es ihnen beim Besuch nicht gefällt). Ungewollt verstärken Eltern durch die Strafe sogar noch das unangemessene Verhalten ihres Kindes!

## WAS IST FAIR?

Ein Lehrer entscheidet, dass er für das Vergessen der Hausaufgaben eine Sanktion einführen will. Am ersten Tag vergisst Jonas seine Hausaufgaben. Ausgerechnet Jonas, der noch nie was vergessen hat und immer sehr pflichtbewusst ist. Soll er jetzt Jonas genau gleich behandeln wie Susi, die fast täglich etwas vergisst? Was lernt Jonas aus dieser Konsequenz? Muss er überhaupt etwas lernen? Wäre es für den pflichtbewussten Jonas nicht sinnvoller, wenn man ihm sagt: „Hey, kein Problem, siehst du, jeder vergisst einmal etwas im Leben, das kann passieren."

Selbst bei Susi wäre diese Konsequenz nur angemessen, wenn sie ihr hilft, besser an ihre Hausaufgaben zu denken.

Mit einer Strafe erzielen Eltern meistens nur kurzfristige Erfolge, aber keine nachhaltige positive Wirkung. Insbesondere die längerfristigen negativen Folgen von Strafen wie z. B. Angst und negative Weltsicht sind vielen Erziehern zu wenig bewusst. Zudem leidet die Eltern-Kind-Beziehung, vor allem leiden das gegenseitige Vertrauen und der gegenseitige Respekt. Oft gerät man in eine Strafspirale: Immer mehr und härtere Strafen müssen her. Wenn Strafe zu Gehorsam führen kann, dann zu blindem Gehorsam – und weder zu einem einsichtigen Verhalten noch zu einer selbstbestimmten Lebensführung.

# WAS IHREM KIND HELFEN KANN, MIT SEINER WUT UMZUGEHEN

*Um Kindern zu helfen, mit ihrer Wut umzugehen, sollten wir die verschiedenen Ebenen der Wut beachten: die Gedanken, die Gefühle und das Verhalten. Wir sollten Kindern Gefühle wie Wut, Zorn oder Enttäuschung zugestehen und gemeinsam mit ihnen sozial akzeptierte Wege finden, die Wut zu regulieren und die dahinter liegenden Gefühle angemessen zu äußern.*

Wutanfälle können als ungeschickter Versuch, die eigenen Gefühle zu regulieren, betrachtet werden. Mit Gefühlen gut leben zu lernen und sie im Zusammenleben mit anderen Menschen angemessen regulieren zu können, stellt eine wichtige Entwicklungsaufgabe dar.

## Die eigenen Gefühle kennen und damit umgehen können

Gefühle gehören zum Menschsein dazu. Es ist eine große Stärke und ein Vorteil in vielen Belangen, wenn wir unsere eigenen Gefühle und die anderer wahrnehmen und benennen können. Kinder sollen ihre Gefühle zulassen dürfen, auch negativ bewertete wie Angst, Trauer oder Aggression. Gefühle sind nie falsch, d.h., ich kann nie „falsch" fühlen. Kinder müssen aber lernen, mit diesen Gefühlen umzugehen und sie angemessen auszudrücken. Umso wichtiger ist es, dass Eltern ihre Gefühle gebührend preisgeben und authentisch sind.

Blickkontakt, ein Lächeln, ein Stirnrunzeln, aber auch Schweigen, nichts sagen – all das ist für den Menschen Kommunikation. Man kann nicht nicht kommunizieren. Emotionen und Kommunikation sind miteinander verbunden. Bereits Kleinkinder nehmen sehr viel über die Körpersprache und die Mimik, die sogenannte nonverbale Kommunikation wahr. Es ist daher wichtig, dass wir für unsere emotionalen Reaktionen wie auch für diejenigen des Kindes Worte finden. Denn genauso wie wir Eltern lernen, die Reaktionen des Kindes zu lesen, liest das Kind uns.

Bestimmt haben Sie schon beobachtet, dass ein Kind, welches sich erschrickt oder wehtut, sofort Blickkontakt mit der anwesenden Bezugsperson sucht. So, als würde es fragen: „Bist du auch erschrocken? Ist es schlimm, was ich gerade erlebe? Muss ich beunruhigt sein oder nicht?" Das Kind braucht Feedbacks bzw. eine Spiegelung des gerade Erlebten, um die eigenen Gefühle einordnen und verarbeiten zu können.

Durch Verbalisierungen helfen wir dem Kind, Zusammenhänge zu begreifen. Es lernt, dass es unterschiedliche Gefühle gibt und die Unterscheidung dieser sogar wichtig ist. Wenn ich zunehmend ungeduldig werde und eine innere Anspannung spüre, hilft es mir, unterscheiden zu können, ob es sich um Müdigkeit, Hunger oder das Gefühl ungerecht behandelt zu werden, handelt. Eltern, die diese Differenzierung bei sich selber vornehmen und verschiedene Gefühle laut benennen, helfen dem Kind, die innere Welt differenzierter wahrzunehmen.

**IN WORTE FASSEN HILFT**

Hilfreich ist für viele Kinder, wenn man sie auf anstehende Veränderungen und kommende Dinge vorbereitet, beispielsweise sagt: „In fünf Minuten müssen wir aufräumen, es ist schon spät.''

Um Kinder vor Enttäuschungen zu schützen, wenn sie ihr Spiel unterbrechen müssen, bieten sich Formulierungen an wie: „Ich sehe, dass du jetzt keine Lust zum Aufräumen hast und viel lieber weiter spielen möchtest. Es ist schon spät. Morgen darfst du weiterspielen, und ich helfe dir, die Spielsachen so aufzuräumen und hinzustellen, dass du gleich morgen weiter an der Ritterburg bauen kannst. Diese Klötze hier brauchst du aber nicht mehr – oder?''

Selbst einem Baby, das aus Hunger schreit, kann ich helfen, seine Gefühle zu regulieren, indem ich z. B. sage: „Ich weiß, dass du Hunger hast. Du musst dich aber noch kurz gedulden, bis die Milch warm ist.''

Eltern sollen mit ihren Kindern offen sprechen und ihre Gefühle benennen. Experten empfehlen, in Ich-Botschaften zu sprechen, das bedeutet, die Gefühle, Bedürfnisse und Wahrnehmungen in einer Ich-Formulierung auszudrücken. Zum Beispiel: „Ich bin sehr müde und brauche eine Pause, bevor ich wieder mit dir spielen mag.'' Oder „Ich bin traurig und verärgert, dass du in der Wut meine Vase kaputt gemacht hast.''

> **Ich-Botschaften sind besser als Du-Vorwürfe, da diese keine Angriffe sind, sondern ausdrücken, wie es dem Sprecher im Moment gerade geht.**

Beim Kind kann ich es indirekt angehen, indem ich zum Beispiel eine Vermutung ausdrücke. Ich möchte ihm nicht Gefühle unterstellen, die es gar nicht hat. Ich könnte sagen: „Kann es sein, dass du wütend auf Max bist, weil er dir das Auto kaputt gemacht hat?" oder: „An deiner Stelle wäre ich jetzt ganz schön wütend, wie geht es dir damit?"

Neben dem Zuordnen und Benennen von Gefühlen muss das Kind lernen, das hinter diesen Gefühlen wichtige Bedürfnisse und Wünsche liegen. „Ich bin traurig (Gefühl), weil ich bei diesem Spiel immer ausgeschlossen werde und gerne mitspielen möchte (Bedürfnis)." Lernt ein Kind, seine Bedürfnisse auf diese Weise auszudrücken, dann muss es weniger harsch fordern. Und auf Forderungen von Kindern einzugehen ist viel problematischer und anfälliger für Eskalation, als wenn man auf Wünsche und Bedürfnisse reagiert.

## TIPPS: GEFÜHLE AUSDRÜCKEN LERNEN

- Je nach Alter und Persönlichkeit des Kindes bieten sich die unterschiedlichsten Materialen und Übungen für das Erkennen und Bewältigen von Gefühlen an, z. B. Spiele und Kinderbücher. Wichtig ist, dass sie altersentsprechend sind und Spaß machen.
- Älteren Kindern kann es Spaß machen, wenn sie ihre aktuellen Gefühle beispielsweise durch einen Stimmungsflip (siehe Anhang) darstellen dürfen. Mithilfe eines Stimmungsflips oder von Gefühlskarten kann das Kind ein Bild auswählen, das seiner aktuellen Gefühlslage entspricht. Manche basteln sogar sehr gerne ein eigenes Gefühlsbarometer für die Zimmertür.
- Fragen Sie Ihr Kind nach seinen Gefühlen: „Wie hast du dich dabei gefühlt? Ab wann hast du gemerkt, dass du es selber schaffst?" So ermöglichen Sie Ihrem Kind, dass es sich und seine Stärken und Bedürfnisse besser wahrnimmt und lernt, Gefühle zu differenzieren. Das Kind kann durch diese Art von Fragen eine Beobachterrolle einnehmen und mit Ihnen zusammen die Situation reflektieren.

# Die Wut in Worte fassen

Ein zentrales Ziel in der Begleitung von Kindern ist, dass sie erkennen lernen, was in ihnen vorgeht und sie diese inneren Prozesse zu einem Teil mitbeeinflussen können. Ein Kind, das seine Gefühle und Stimmungen ausdrücken kann, ist fähig, sich selbst wahrzunehmen und zu differenzieren, wie es ihm im Moment geht. Diese Selbstaufmerksamkeit erlaubt ihm einen Zugang zu sich selbst: „Ich bin meinen Gefühlen, meiner Wut nicht einfach ausgeliefert, sondern ich kann lernen, diese Gefühle und vor allem den Ausdruck der Gefühle zu steuern."

Gefühle ausdrücken heißt aber nicht, dass man sie damit einfach loswird. Auch wenn man sie äußert, bleiben sie in uns. Dadurch werden sie aber „begreifbar", und man lernt, damit umzugehen.

Der Mensch muss lernen, die Wut zu einem Zeitpunkt zu erkennen, wo sie noch beherrschbar ist. Wird sie frühzeitig wahrgenommen, kann man mit ihr umgehen. Mit der Zeit lernt das Kind zu erkennen, dass es wütend wird. Es kann dann sein Verhalten steuern: „Bevor ich ausflippe, mache ich lieber ...".

> Wenn ein Kind seine Wut in Worten ausdrückt, dann sind Sätze wie „Reiß dich endlich zusammen!" oder „Hör auf zu motzen!" ungünstig, da sie zum Unterdrücken des Gefühls auffordern. Sie signalisieren: Dein Gefühl ist falsch. Versuchen Sie stattdessen das Gegenteil und loben Sie Ihr Kind, dass es seinen Ärger in Worte fasst.

Es geht nicht darum, dem Kind beizubringen, seine Gefühle zu kontrollieren und zuweilen sogar zu unterdrücken. Gefühle angemessen und situationsspezifisch äußern zu dürfen trägt dazu bei, dass sich nicht etwas anstaut, was wiederum in Form von Wut unkontrolliert ausbricht.

### HILFREICHE KOMMUNIKATIONSREGELN

Die Art und Weise, wie wir mit Kindern kommunizieren, ist sehr zentral. Denken Sie immer daran: Wir sind Vorbilder. So verhalten Sie sich richtig:

- Sprechen Sie in Ich-Botschaften und drücken Sie damit die eigenen Gefühle und Bedürfnisse aus. Sagen Sie offen, was Sie im Moment gerade ärgert oder freut.
- Achten Sie darauf, dass alle respektvoll miteinander reden (also auch die Kinder untereinander).
- Hören Sie einander ruhig und geduldig zu, wiederholen Sie unter Umständen, was Sie verstanden haben, so können sich Missverständnisse klären.
- Wählen Sie lieber eine einfache, direkte Sprache als lange und weitschweifende (evtl. sogar noch moralisierende) Reden.
- Drücken Sie Ihre Erwartungen klar aus. Sprechen Sie aus, was Sie wollen, und nicht, was Sie nicht wollen: „Ich möchte jetzt, dass du mir mit der Wäsche hilfst, nachher helfe ich dir bei den Hausaufgaben.''
- Insbesondere bei jüngeren Kindern ist es wichtig, dass wir ihnen die wichtigen Dinge auf Augenhöhe sagen und überprüfen, ob sie uns wirklich verstanden haben. Lassen Sie wiederholen, was Sie gesagt haben.

## Mit dem Kind im Gespräch

Eltern äußern bei mir oft das Anliegen, dass sie besser mit ihren Kindern kommunizieren möchten. Auch in der Paarberatung wird oft der Wunsch geäußert: „Helfen Sie uns, besser zu kommunizieren." Folgende Aspekte können helfen, gut miteinander im Gespräch zu sein:

- Führen Sie offene und persönliche Gespräche: Es geht nicht darum, das Kind auszufragen. Die meisten Kinder können auf die Frage „Was ist denn das Problem?" keine Antwort geben. Es geht vielmehr darum, ein Gespräch mit dem Kind zu führen über dies und das. Eltern dürfen durchaus auch davon berichten, was sie den Tag hindurch erlebt haben. Was ihnen Freude oder Sorgen bereitet hat. Verbringen Sie gemeinsam wertvolle und bewusst erlebte Zeit. Dadurch signalisieren Sie: Ich bin für dich und deine Sorgen da.
- Hilfreich ist, wenn man dem Kind mögliche Vermutungen in Form von Hypothesen anbietet: „Könnte es sein, dass du ... bist?" Wichtig ist dabei, dass nicht nur das vermutete Gefühl (z. B. Wut) genannt, sondern es auch mit einem vermuteten Bedürfnis gekoppelt wird. Also zum Beispiel so: „Könnte es sein, dass du wütend bist, weil die Mädchen in der Klasse nicht mit dir spielen wollen und du dich ausgeschlossen fühlst?"
- Eine gute Form ist, wenn man seine Vermutungen nicht direkt dem Kind zuschreibt, sondern von sich selber oder jemand anderem berichtet, der möglicherweise etwas Ähnliches erlebt hat. Beispielsweise so: „Als ich so alt war wie du, hat es mich sehr gestresst, dass die anderen Kinder immer meine Noten kennen wollten. Ich war im Deutsch immer sehr schlecht und oft schämte ich mich für meine Note. Kennst du dieses Gefühl?"

- Gestehen Sie dem Kind gegenüber auch eigene Fehler ein. In der Beziehung und im Gespräch soll man ehrlich und authentisch sein. Dazu gehört, dass man sich z. B. dafür entschuldigt, dass man keine Zeit hatte, wirklich hinzuhören, was das Kind für eine Sorge hatte. Oder dass man grob auf das Verhalten des Kindes reagiert hat, weil man nicht verstanden hat, was es für eine innere Not hat. Die Welt und wir Eltern sind nicht perfekt und fehlerfrei, und das ist völlig in Ordnung so. Fehler zu machen ist etwa Urmenschliches. Wenn wir zu unseren Fehlern stehen können, sind wir ein wichtiges Vorbild.

Das Sprechen über soziale Situationen (typischerweise bei Schulkindern: die Pausenplatzsituation) hilft dem Kind, Situationen und Reaktionen anderer Kinder zu verstehen. Diese Gespräche ermöglichen einen Perspektivenwechsel. „Könnte es sein, dass Susi dich ignoriert hat, weil du gestern ihre Mütze versteckt hast? Oder was meinst du? Das verletzt dich jetzt, dass sie so reagiert hat, oder? Was denkst du, kannst du dazu beitragen, dass Susi wieder gerne mit dir die Pause verbringt?" Wir helfen dem Kind, Handlungsmöglichkeiten zu entwickeln und Lösungen für schwierige soziale Situationen zu finden. „Vielleicht könnte es helfen, wenn du dich bei Susi entschuldigst? Oder du malst ihr ein Bild? Sicherlich freut sie sich, wenn du ihr sagst, dass du gerne mit ihr spielen möchtest."

# Den Umgang mit negativen Gefühlen lernen

Wie bereits mehrfach ausgeführt, müssen Kinder lernen, mit Frustration und anderen negativen Gefühlen umzugehen. Genauso gehört es dazu, dass sie lernen müssen, Kritik auszuhalten und Provokationen zu ignorieren.

Es geht nicht darum, dass das Kind keine negativen Gefühle erleben darf, im Gegenteil: Unwohlsein, Verzicht, Kritik gehören zum Leben. Die Kunst ist aber, diese negativ erlebten Erregungen in einem mittleren Bereich zu halten. Das Kind soll nicht von seiner Angst überflutet werden oder vorwiegend Verzicht erleben müssen. Es soll aber auch nicht von den Eltern gespiegelt bekommen, dass immer alles schön ist. Kinder müssen lernen, mit Hindernissen und unerfüllten Wünschen fertig zu werden. Man muss ihnen Frustrationen und Bedürfnisaufschub zumuten. Hilfreich ist wiederum, wenn man in Worte fasst: „Ich sehe, du hast Angst, auf diese Rutsche zu steigen. Sieh mal, ich bin bei dir und halte dich."

Es ist weder möglich noch sinnvoll, alles von Kindern fernzuhalten, was sie als Frustration und Problem erleben können. Aber natürlich muss gesichert sein, dass sie daraus etwas lernen können und vor allem nicht übermäßigen Schaden erleiden.

Die meisten Kinder erleben elterliche Grenzsetzungen als Frustrationen. Doch diese elterlichen Vorgaben sind oft nötig oder gar unvermeidbar (z. B. bei Gefahren). Im sozialen Kontakt mit Gleichaltrigen sind Kinder alltäglich gefordert, mit Frustration umzugehen. Die Erfahrung lehrt: Andere Kinder haben ebenfalls ihre Bedürfnisse und ihr Recht auf Selbstentfaltung. Diese Erkenntnis ist wertvoll. Wir sollten uns hüten, unsere Kinder vor allen „negativen Einflüssen" zu schützen oder ihnen immer sofort alles abzunehmen. Der US-amerikanische Persönlichkeitspsychologe Walter Mischel hat mit dem berühmten „Marshmallow-Test" gezeigt, dass Kinder, denen es gelingt, Bedürfnisse aufzuschieben und auf Belohnungen zu warten, im späteren Leben mehr Erfolg haben. Je länger die Kinder im Experiment warten konnten, bis sie ihr Marshmallow gegessen hatten, desto erfolgreicher waren sie als Jugendliche in schulischen und sozialen Bereichen und desto besser konnten sie mit Frustration und Stress umgehen.

### STRATEGIEN, DIE WIR UNSEREN KINDERN MITGEBEN KÖNNEN

- **Den Umgang mit Kritik lernen.** Das Kind kann unterscheiden lernen, wann man zu Recht kritisiert wird und wann nicht. Dazu gehört, konstruktive Kritik annehmen zu können, ungerechtfertigte, übertriebene oder nicht hilfreiche Kritik ablehnen zu dürfen. Man darf sagen, wenn man anderer Meinung ist. Zentral ist, wie man auf Kritik reagiert. Hierbei spielt natürlich das Modellverhalten der Eltern wieder eine enorme Rolle. Nehmen Sie durchaus auch mal Kritik Ihres Kindes ernst.
- **Den Umgang mit Provokationen lernen.** Wichtige Techniken sind: ignorieren und ruhig bleiben. Hilfreich für Kinder ist die Vorstellung, sie würden eine Ritterrüstung tragen, die sie vor Provokationen anderer schützt. Kinder lieben es, solche Ritterrüstungen aufzuzeichnen. Als erwachsene Person kann man sich vorstellen, dass einen eine schützende Hülle umgibt.
- **Selbstbeherrschung lernen.** Wenn Sie Ihrem Kind etwas versprechen, sollten Sie es unbedingt halten. Das gibt ihm ein Gefühl der Verlässlichkeit. Nur so kann es lernen, dass es etwas erreichen kann, wenn es sich anstrengt.

# Mitgefühl für andere entwickeln

Das Sprechen über das Befinden hilft nicht nur, sich selber besser zu verstehen, sondern auch andere. So bilden sich unser Selbstbewusstsein und unser Verständnis für andere Menschen aus.

In der Arbeit mit Kindern und Familien setze ich oft zuerst hier an: Gefühle und Gesichtsausdrücke wahrnehmen, erkennen und benennen lernen. Ich erlebe immer wieder, wie erstaunt Eltern sind, wenn sie realisieren, was ihre Kinder alles wahrnehmen. Durch verschiedene spielerische Übungen kann man Kinder ausdrücken lassen, was sie meinen, was ihre Eltern gerade denken oder fühlen. Beispielsweise darf das Kind ein Stethoskop an den Kopf der Eltern halten und mitteilen, was es hört bzw. was es denkt, was im Kopf von Mama oder Papa vorgeht. Ältere Kinder dürfen ihre Eltern mit einer Denkblase zeichnen. In diese Denkblase sollen sie in einem Satz schreiben, was die Eltern gerade denken, was zum Beispiel ihre Sorgen sein könnten.

Wenn Kinder spüren, dass sie ihre Wahrnehmungen und Gedanken offen mitteilen dürfen, sind sie erleichtert. Sie erhalten nicht nur eine Gelegenheit, ihre Sorgen mit jemandem zu teilen, sondern es kann eine Klärung der Situation erfolgen. Sie erfahren, dass man sie ernst nimmt. Damit nimmt man dem Kind auch die Verantwortung ab. Denn sehr oft fühlen sich Kinder für die Gefühle oder die Situation ihrer Eltern verantwortlich: „Ich bin schuld, dass Papa jetzt böse ist" oder „Ich war nicht brav genug, daher ist Mama traurig."

Ob mich etwas wütend macht oder nicht, hängt davon ab, ob ich mich in andere hineinversetzen kann. Wenn ich verstehe, dass der andere sich ebenfalls provoziert fühlt oder dass er nicht aus böser Absicht so gehandelt hat, stimmt mich das anders, als wenn ich seine Absichten oder seine Gefühle nicht verstehe.

## Fördern Sie das Einfühlungsvermögen Ihres Kindes

Die Fähigkeit, sich in andere hineinzuversetzen, müssen Kinder zuerst entwickeln. Im Alter von zwei Jahren sind erste Anfänge von Empathie zu beobachten. Voll ausgeprägt ist diese Fähigkeit aber erst mit vier bis fünf Jahren. Immer wieder erlebe ich Eltern, die erwarten, dass ihr dreijähriges Kind schon versteht, wie sich das andere Kind fühlt, wenn es es wegschubst, weil es gerade selbst schaukeln will. Vorsicht also, überschätzen Sie Ihr Kind nicht!

Studien zeigen, dass Menschen (Kinder), die über andere Menschen nachdenken und den Blickwinkel von anderen übernehmen können, mehr kooperatives und helfendes und deutlich weniger aggressives Verhalten zeigen. Das bedeutet, dass die Förderung von Einfühlung einen positiven Effekt auf das prosoziale Verhalten hat.

Übrigens wird in der Behandlung von aggressiven Kindern das Erkennen von Gefühlen sowie von Gründen für Wut durch Rollenspiele und Perspektivenwechsel intensiv geübt.

**TIPPS: MITGEFÜHL LERNEN**

- Beachten Sie, dass Kinder unter vier Jahren nicht verstehen, was in anderen vorgeht, dass andere Menschen die Welt anders erleben als sie. Sie können das bei einem Telefongespräch mit einem vierjährigen Kind erkennen: Es erklärt Ihnen die Dinge so, als würden Sie diese auch gerade so erleben wie das Kind. Erwarten Sie also nicht, dass Ihr Kind in diesem Alter die Perspektive wechseln kann. Sie können es aber dabei unterstützen, diese Fähigkeit aufzubauen, indem Sie mit ihm darüber sprechen, wie andere Menschen die Welt erleben.

- Helfen Sie Ihrem Kind dabei, die Perspektive zu wechseln. Mögliche Fragen sind: „Was denkst du, wie sich X in dieser Situation gefühlt hat?" Oder „Wie würdest du dich fühlen, wenn der andere dir gegenüber so reagiert, wie du reagiert hast?" Oder „Was denkst du, warum X so reagiert hat?"

- Bei Schulkindern können sogenannte hypothetische Fragen hilfreich sein: „Mal angenommen, du könntest in Zukunft damit auf eine andere Art und Weise (konkrete Vorschläge anbieten) umgehen – welche Auswirkungen könnte das haben?" Ein Beispiel: „Mal angenommen, es würde dir gleichgültig sein, dass Esther dich auslacht. Was denkst du, wie würde Esther mit der Zeit reagieren?" Mit dieser Frageweise helfen Sie es Ihrem Kind, das gewünschte Erleben in Gedanken zu modellieren und gleichzeitig neue (gewünschte) Reaktionen zu lernen.

- Rollenspiele machen nicht nur Spaß, sondern haben einen tollen Effekt. Jeder darf mal in die Rolle des Bösen, des Helden, des Mutigen, des Ängstlichen, des Gejagten schlüpfen. Das bietet Gesprächsstoff für neue Perspektiven.

- Stellen Sie Familienregeln auf, die für alle gleichermaßen gelten: Zum Beispiel: „Wir behandeln andere so, wie wir selbst behandelt werden wollen." Die wichtigsten drei Regeln schreiben Sie gemeinsam sorgfältig und schön gestaltet auf und hängen diese neben den Esstisch.

- Auch hier wieder: Was Eltern vorleben, hat große Wirkung. Wenn Sie Ihrem Kind aktiv zuhören, zeigen Sie ihm nicht nur Ihr Interesse, sondern auch Ihr Bemühen, mitzudenken und mitzufühlen. Aktiv zuhören heißt, dass man wiederholt, was man verstanden hat, und dabei insbesondere auf die Bedürfnisse und Gefühle der Aussage achtet.

# Zwischen Anspannung und Entspannung wechseln

Wut hat oft mit Überforderung und Hilflosigkeit zu tun. Damit man sich nicht hilflos fühlt, hilft der Aufbau von Entspannungsübungen. Es ist zentral, dass sowohl Eltern wie auch Kinder Stressbewältigungsstrategien kennen und aufbauen.

## TIPPS: SO HELFEN SIE IHREM KIND BEI DER STRESSBEWÄLTIGUNG

- Auch Kinder profitieren von Entspannungsübungen. Wenn ein Kind weiß, was ihm hilft, sich zu entspannen, kann es in stressigen Situationen gut eingeübte Entspannungsübungen abrufen und dem Körper helfen, sich zu beruhigen. Für Kinder gibt es ganz gezielte Entspannungsübungen, Bücher und CDs mit Anleitungen. Besonders bewährt haben sich Imaginationsübungen, zum Beispiel das Ausmalen, man sei an einem wunderbaren Wohlfühlort.
- Besonders empfehlenswert sind folgende Übungen:
  - Mindestens dreimal langsam und tief durchatmen;
  - von 10 zur 0 zählen, bevor man reagiert;
  - Seifenblasen herstellen oder Luftballons aufblasen;
  - sich zurückziehen, wenn man merkt, dass es zu viel wird.

- Stellen Sie Ihrem Kind Dampfablassstrategien zur Verfügung:
  - ein Wutkissen, in das man hineinboxen darf,
  - Zeitungen zerreißen,
  - einen Stoffball gegen die Wand schmeißen,
  - kräftig und rhythmisch trommeln,
  - einen Tonklumpen bearbeiten.

Diese Ventile sind vor allem dann sinnvoll, wenn Ihr Kind bereits in einem hohen Erregungszustand ist und die Aggression auf ein lebloses Objekt umgelenkt werden soll.

- Lenken Sie Ihr Kind durch „neutrale Aktivitäten" ab:
  - ein Rätsel lösen,
  - ein Bild malen,
  - Trampolin springen,
  - Musik hören,
  - Spazieren gehen oder rennen,
  - eine Dusche nehmen ...

Durch die Ablenkung werden Gedanken und Gefühle herbeigeführt, die gerade nichts mit Ärger oder Wut zu tun haben. Hilfreich sind vor allem solche Strategien, die den Körper miteinbeziehen.

Wichtig: Den richtigen Zeitpunkt fürs Ablenken dürfen Sie nicht verpassen.

Alles was zum körperlichen Wohlempfinden beitragen kann, hilft! Denn man kann nicht gleichzeitig wütend und entspannt sein.

Es ist entscheidend, dass ein Kind weiß, was ihm guttut. Das gilt übrigens auch für uns Eltern. Es ist wichtig, zu wissen, wie Stress und Belastung abgebaut werden können.

# Aufmerksamkeitssteuerung und Bewertung

Aggressive Kinder haben oftmals Wahrnehmungsdefizite und bewerten Situationen anders als nicht aggressive Kinder. Wenn beispielsweise beim Spiel mit anderen Kindern ein Spielturm umfällt, gehen sie davon aus, dass der Turm absichtlich zerstört wurde. Als logische Folge reagieren sie anders auf diese Situation als ein Kind, das denkt, dass dies aufgrund eines Missgeschicks geschehen ist.

Es spielt eine ganz zentrale Rolle wie eine Situation wahrgenommen und bewertet wird.

### SO UNTERSCHIEDLICH BEWERTEN WIR DIE WELT

Hannes (8) ist ein Kind, welches sich permanent von anderen Kindern provoziert und attackiert fühlt. Lacht ein anderes Kind und schaut es in seine Richtung, denkt er sofort, das Kind lache ihn aus. Selbst ein eigentlich freundliches Lachen kann ihn also in Rage bringen.

Kinder müssen lernen, Situationen und Verhalten anderer Kinder differenziert wahrzunehmen und zu bewerten. Ist die Situation wirklich böswillig gemeint? Wollen die mich absichtlich ärgern? Warum lachen andere Kinder?

Ein Kind, das sich ständig provoziert fühlt, muss lernen, zu ignorieren. Leider ist es so, dass Kinder, die sich schneller provoziert fühlen und darauf „aufspringen", mehr von anderen Kindern provoziert werden. Umso wichtiger ist es, sie zu unterstützen, diese Fähigkeit ganz gezielt einzusetzen. Rollenspiele bieten sich dazu an.

**ICH LASSE MICH NICHT PROVOZIEREN!**

Kinder profitieren besonders, wenn man neue Verhaltensmöglichkeiten gleich einübt. Gut eignen sich dazu Rollenspiele. Folgenden Ablauf kann ich Ihnen empfehlen:

- Sammeln Sie zusammen mit Ihrem Kind Situationen, die es besonders ärgert. Welche Worte provozieren besonders? Was tun andere, dass es wütend wird? Wie schauen sie? Welche Gesten machen sie?

- Erlauben Sie nun Ihrem Kind, dass es diese Worte oder Gesten Ihnen gegenüber rauslassen darf. Sie bleiben dabei ganz ruhig. Tun Sie so, als würden Sie nichts hören. Evtl. lächeln Sie sogar leicht oder schauen interessiert in eine andere Richtung. Machen Sie das so lange, bis Ihr Kind von selbst aufhört (Sie werden sehen, so lange geht das gar nicht). Das Kind erlebt, dass der Reiz am Provozieren vorbeigeht, wenn nicht darauf reagiert wird.

- Dann tauschen Sie die Rolle: Ihr Kind versucht, ganz gelassen oder gelangweilt zu wirken, während Sie ihm diese Worte sagen. Es wird die Situation als Herausforderung sehen, sich nicht von Ihnen provozieren zu lassen.

- Unter Umständen muss Ihr Kind lachen. Das ist gut! So wird es sich immer daran erinnern können, wie es mit Ihnen zusammen lachen musste.

- Wenn es dem Kind schwerfällt, geben Sie ihm ein paar Tipps, was helfen könnte. Beispielsweise kann es einen Satz immer wieder leise wiederholen: „Ich bin ruhig und entspannt wie eine alte Schildkröte!" Oder es kann sich vorstellen, es sei ein kleiner Igel, der sich einrollt und nur die Stacheln nach außen zeigt. Nichts und niemand stört den Igel mit seinem starken Stachelkleid. Oder es kann in Gedanken an einen wunderbaren Ort fliegen und die Landschaft von oben genießen.

Der Aufbau von Denkweisen, die weniger ärgern und frustrieren, kann sehr entlastend sein. Ganz nach dem Motto: „Nicht so wichtig, nicht so schlimm." Wird eine Situation nicht als absichtlich und ungerecht gedeutet, entfällt der Auslöser für Wut oder die Motivation, aggressiv zu reagieren.

> Es spielt eine Rolle, ob man eher Probleme oder Lösungen fokussiert: Wenn ich daran glaube, dass ich etwas kann, gelingt es mir eher. Wenn ich glaube, dass mir etwas hilft, wirkt es besser. Wenn ich annehme, andere sind mir gegenüber freundlich gestimmt, sind sie tatsächlich netter.

# Durch Erfolgserlebnisse den Selbstwert stärken

Erfolg ist wichtig in unserem Leben. Wir alle möchten erfolgreich sein und wir möchten erfolgreiche Kinder haben. Wir Menschen brauchen Erfolgserlebnisse als Orientierungshilfe und als Feedback: Es gelingt, also bin ich auf dem richtigen Weg! Vor allem aber brauchen wir Erfolgserlebnisse als Rückmeldung für unser Selbstwertgefühl. Wenn uns etwas gelingt, erfüllt uns das zu Recht mit Stolz, und wir verdienen Anerkennung. Durch Erfolgs- und Misserfolgserlebnisse kann das Kind herausfinden, was es gut kann und was weniger gelingt.

> Erfolgserlebnisse machen deutlich, welche Stärken man hat.

Ich liebe den Anblick junger Eltern, die freudig aufschreien und applaudieren, wenn ihr Kind den ersten Schritt unternimmt oder das erste Wort sagt. Dieser elterliche Stolz und ihre Freude sind die stärkste Bekräftigung für das Kind, so weiterzumachen.

Werden Entwicklungsschritte selbstverständlich, laufen wir Gefahr, uns nicht mehr mit dem Kind über seine Erfolge zu freuen. Es kommt zunehmend vor, dass uns nur noch auffällt, wenn das Kind scheitert oder ein Problem hat.

Das Vertrauen eines Kindes in die eigenen Fähigkeiten ist abhängig von dem Vertrauen, das die Eltern und anderen Bezugspersonen ihm entgegenbringen. Wir sollten daher unseren Kindern richtig viel zutrauen. Indem wir ihm Verantwortung übergeben, kann es eigene Erfolgserlebnisse machen. Ich möchte Sie ermutigen, dies immer zu tun, auch auf die Gefahr hin, dass Ihr Kind die ihm übertragenen Aufgaben nicht korrekt ausführt. Hier liegt es an uns Eltern, das „Unperfekte" auszuhalten und nicht immer eingreifen zu wollen oder dem Kind die Aufgaben sogar ganz zu entreißen.

Fokussieren Sie nicht auf das, was noch nicht geht, sondern achten Sie vielmehr auf das, was schon geht. Achten Sie weniger auf Fehler und Probleme, sondern auf die (kleinen) Erfolge und Fortschritte.

 **ÜBUNG: POSITIVES BEURTEILEN**

Skalierungen können helfen, die Aufmerksamkeit auf das zu lenken, was gut ist. Gehen Sie wie folgt vor:

1. Malen Sie auf ein Blatt einen vertikalen Strich. Das untere Ende beschriften Sie mit einer 0 (= sehr schlecht) und das obere mit 10 (= sehr gut).

2. Beurteilen Sie nun, wie stark Sie die aktuelle Situation mit Ihrem Kind belastet. Wägen Sie ab: Was läuft gut, was weniger? Zeichnen Sie auf dem Strich eine Linie bei einer Zahl zwischen 0–10.

3. Angenommen Sie haben einen Strich bei 6 gezeichnet, dann richten Sie Ihre Aufmerksamkeit ganz gezielt auf all das, was Sie veranlasst hat, eine 6 zu zeichnen. All diese Dinge zwischen 0 – 6 sind die, die gut laufen, die Ihr Kind gut macht, die Ihnen an Ihrem Kind gefallen.

4. Richten Sie im Alltag immer wieder den Fokus auf diese guten Dinge. Sie werden sehen, je mehr Sie das tun, umso mehr verstärken sich die positiven Aspekte im Familienalltag.

---

## TIPPS: POSITIVES FEEDBACK

- Loben, wertschätzen Sie viel und kritisieren Sie so wenig wie möglich. Kritik ist selten angebracht und zielführend! Es gibt eine wichtige Regel: Eine negative Äußerung braucht fünf positive Aussagen, um die Auswirkung wettzumachen!

- Legen Sie den Fokus auf das, was schon geht und funktioniert (das Positive), und nicht auf die Mängel. Stärken Sie das Gute.

- Lassen Sie Ihr Kind immer wieder Neues ausprobieren, egal was oder wie es ausgeht. Trauen Sie ihm viel zu.

- Setzen Sie sich eines Abends hin und notieren Sie, am besten gleich zusammen mit Ihrem Partner/Ihrer Partnerin, was Ihr Kind in den letzten Tagen/Wochen alles gemeistert hat. Schreiben Sie auf, über was Sie sich bei ihm freuen können. Und bitte beachten Sie: Es geht hier bei Weitem nicht nur um Erfolge im Leistungsbereich! Wenn beide Elternteile zu diesem Abendprogramm bereit sind, schreiben Sie es unabhängig voneinander auf und vergleichen Sie Ihre Ergebnisse. Was fand der Vater besonders erwähnenswert? Was die Mutter? Als weiterer Schritt kann man dies dem Kind einmal vorlesen oder ihm von den Erkenntnissen berichten. Wie wird es wohl reagieren?

- Es ist nicht verboten, auch als Erwachsene dasselbe auszuprobieren. Daher folgender Input: Was sind Ihre persönlichen Stärken und Begabungen? Was können Sie als Mama oder Papa besonders gut? Welche Fähigkeiten hat Ihr Partner? Wobei ergänzen Sie sich wunderbar? Was sind Ihre Ressourcen als Frau, als Mann? Worüber können Sie stolz sein? Vergessen Sie nie: In allem, was Sie tun, sind Sie ein Vorbild. Auch darin, wie Sie sich über eigene Stärken freuen können oder dass Sie zeigen, wie zufrieden Sie mit sich selber sind.
- Schreiben Sie pro Familienmitglied drei bis fünf Stärken auf ein Blatt und hängen Sie dieses an einen Ort, an dem die Familie sich häufiger trifft (beispielsweise beim Küchentisch).

# Wie Kinder sich konstruktiv durchsetzen können

Gesunde Kinder stellen sich täglich mutig neuen Herausforderungen, zeigen einen beinahe unermüdlichen Forschergeist, wollen die Welt entdecken und erobern. Dieser Durchsetzungswille schießt zu Beginn häufig über das Ziel hinaus.

## GEWINNEN UM JEDEN PREIS

Der fünfjährige Julius will unbedingt gewinnen. Beim Fußballspiel setzt er seine ganze Körperkraft ein. Einigen anderen Kindern ist sein Verhalten viel zu grob. Verliert Julius ein Spiel, dann schmeißt er ab und an einem Mitspieler den Ball an den Kopf.

Kleine Kinder sind noch nicht in der Lage, sich von außen kritisch zu beobachten und die eigene Handlung zu hinterfragen. Wenn das dreijährige Kind etwas nimmt, was es gerade unbedingt haben will, das ihm aber nicht gehört, dann nutzt eine moralische Standpauke wenig. Im Gegenteil, sie kann die Fähigkeit des Kindes unterbinden, sich angemessen durchzusetzen oder Konflikte adäquat zu lösen. Natürlich ist es wichtig, dem Kind die Regeln des Miteinanders wie Gewaltfreiheit oder Achten des Eigentums zu vermitteln. Oft muss dies sogar mit Nachdruck und vielen Wiederholungen geschehen, denn genau diese Regeln muss das Kind ja lernen. Aber Strafe und Druck bringen nichts. Niemand lernt durch Entmutigung und Abwertung, wie man sich anderen Menschen gegenüber korrekt verhält.

Ebenso wichtig ist, wie wir als Eltern uns in vergleichbaren Situationen verhalten. Es geht gar nicht so sehr darum, was wir sagen, sondern vielmehr darum, was wir tun. Insbesondere wie wir uns gegenüber dem eigenen Kind verhalten. Manchmal beobachte ich Eltern, die mit ihrem Kind schimpfen, wenn es von anderen Kindern etwas wegnimmt, ohne zu fragen. „Man nimmt nicht einfach das Spielzeug des anderen Kindes weg!" Dieselben Eltern fragen ihr eigenes Kind aber nicht, ob es seine Schokolade mit ihnen teilen möchte. „Schließlich bin ich deine Mutter, ich darf das." Manche Eltern erwarten von ihren Kindern das Einhalten von Regeln, an die sie sich selber nicht halten. Wir wollen von unseren Kindern ernst genommen werden, der erste Schritt dazu ist, die eigenen Kinder ernst zu nehmen, selbst wenn sie erst vier Jahre alt sind.

### Sich rücksichtsvoll selbst behaupten

Eltern und Erzieher müssen das Kind zu einer gesunden Selbstbehauptung ermutigen. Dazu gehört, sich für seine eigenen Wünsche und Träume einsetzen zu können, ohne rücksichtslos gegen andere vorzugehen. Das gelingt aber nur, wenn das Kind weiß, dass es offen und ehrlich sagen darf, was es will und braucht. Indem man ein Kind mitsprechen lässt – beispielsweise bei regelmäßigen Familienkonferenzen –, nimmt es nicht nur wahr, dass es ernst genommen wird, sondern es lernt, Verantwortung für Entscheidungen zu übernehmen. Kinder, die mitentscheiden dürfen, übernehmen mehr Verantwortung.

# Kräfte messen, balgen und toben

Das Kräftemessen und das Balgen sind ein gesunder Umgang mit dem Bedürfnis, sich zu messen und zu beweisen. Kinder, die regelmäßig mit ihren Eltern (besonders ihren Vätern) toben dürfen, lernen eine Menge fürs Leben. Sie werden selbstbewusster, können besser mit ihren Gefühlen und mit Rückschlägen umgehen.

Häufig höre ich von Eltern, dass sie Bedenken haben, wenn ihre Kinder eher aggressive Rollen spielen. Natürlich stehe ich nicht jedem Spielverhalten unbedenklich gegenüber. Das aggressiv wirkende Spielverhalten beunruhigt mich aber eigentlich erst dann, wenn es nur zerstörerisch ist, Schaden entsteht und nicht mehr zwischen „Gut und Böse" unterschieden werden kann. Die meisten Kinder wissen aber sehr gut, wo die Grenzen sind. Sie würden das Gegenüber nie wirklich verletzen.

Besonders Jungs spielen gerne actionreiche Spiele. Zu kämpfen und sich zu messen gehört zum Leben dazu – warum unseren Kindern die spielerische Auseinandersetzung mit der Realität verbieten? Viele wählen gerne Spiele, in denen sie sich wirksam und mächtig erleben. Sie bevorzugen Helden- und Prinzessinnenrollen. Das Spiel ermöglicht es, Bedürfnisse auszuleben.

Dazu kommt, dass dabei neue Verhaltensweisen eingeübt werden können, ohne negative Folgen fürchten zu müssen. Beim Ausleben der Rolle muss ein neues Verhalten gezeigt werden: Ein wirklicher Ritter kann nur der sein, der in aufrechtem Gang herumstolziert. Das Selbstwertgefühl wird gestärkt, wenn Kinder im Spiel eine starke Figur, einen unbesiegbaren Helden spielen dürfen. Aber nicht immer machen die Spielfreunde bei diesem Plan mit. Denn im Spiel mit anderen Kindern bekommen die Kinder ein direktes Feedback. Sie erleben vielleicht, dass das andere Kind ebenfalls die Hauptrolle spielen möchte; so müssen sie einen Kompromiss bilden.

Direkt ist aber auch das Feedback, wenn der andere so nicht mehr mitspielen will. Was muss ich tun, damit der Freund doch wieder mitmacht? Hierbei können Kinder ihr Verhaltensrepertoire erweitern.

Aus der Sicht des Kindes gibt es keinen sichereren Ort, dieses Verhalten real zu üben als mit den Eltern oder Geschwistern. Je mehr Sie das Ihren Kindern ermöglichen, umso mehr Kompetenzen können Ihre Kinder für den Umgang mit Fremden erwerben.

**TIPP: SPIELERISCH KRÄFTE MESSEN**

Spielen Sie immer wieder Spiele, in denen es ums Kräftemessen geht. Kinder lieben Wettbewerbe. Selbst alltägliche Aufgaben wie den Pyjama anzuziehen gehen am schnellsten, wenn ein Wettbewerb durchgeführt wird. Bedenken Sie: Verlieren gehört dazu, auch wenn es hart ist.

# Mit Bildern die Wut besser verstehen und steuern

Um Wut oder andere Gefühle zu erklären, benutze ich gerne verschiedene Bilder, sogenannte Metaphern und Symbole. Diese Bilder helfen nicht nur zu verstehen, was innerlich abläuft, sondern sie geben dem Kind das Gefühl, dass es mit der Wut umgehen kann.

## Das Wutmonster

Indem wir der Wut einen Namen oder eine Form geben, wird diese fass- und beobachtbar: Ist das Wutmonster wieder da?

Gemeinsam mit dem Kind sucht man für die Wut ein Tier, eine Comicfigur oder ein anderes Symbol. Damit wird ausgedrückt, dass lediglich ein Teil, beziehungsweise eine Seite des Kindes wütend ist. Neben der Wut gibt es noch weitere Seiten: zum Beispiel eine kreative, eine fröhliche oder eine gelassene Seite. Manchmal wird jedoch die wütende Seite dominant: Jetzt ist das Wutmonster ist wieder da!

## Tiere und Fabelwesen

Tiere stellen tatsächlich eine gute Möglichkeit dar, den Emotionen eine Form zu geben. In der therapeutischen Arbeit lassen wir das Kind Tiere für sich selbst und die verschiedenen Seiten wählen. Beliebte Tierfiguren, um die Wut darzustellen, sind: Löwen, Drachen, Gorilla oder andere starke Tiere. Entsprechend der Haltung, dass die Wut für etwas wichtig ist, geht es darum, herauszufinden, was dieses Tier gut kann, was es bewirkt. Zudem wird bildlich und spielerisch dargestellt, wie man mit dieser Seite umgehen kann.

## DER LÖWE IST WICHTIG, MUSS ABER DRESSIERT WERDEN

Xenia (10) wählt für sich (ihr Selbst) den Fuchs, da dieser so schlau und flink ist wie sie. Für die Seite an ihr, die rasch wütend wird, wählt sie den Löwen, da dieser stark ist und sich gut wehren kann.

Wir schauen gemeinsam, in welchen Situationen sich der Löwe zeigt und für was er wichtig sein könnte. Es stellt sich heraus, dass für Xenia der Löwe immer dann wichtig ist, wenn sie das Gefühl hat, sich wehren zu müssen. Die Löwenseite hilft ihr, sich durchzusetzen.

Xenia meint, dass sie den Löwen gar nicht steuern könne. Dieser mache, was er wolle, und werde dann laut, brülle und fletsche die Zähne. Gemeinsam stellen wir fest, dass der Fuchs, der ja sehr schlau ist, lernen kann, den Löwen zu dressieren. So kann der Löwe immer dann zum Einsatz kommen, wenn er wirklich gebraucht wird, aber auch gemütlich liegen bleiben, wenn der Fuchs ganz gut allein zurechtkommt. Zudem reicht es ja oft, wenn der Löwe sich nur ein bisschen zeigt und deutlich macht, dass er schon bereit wäre, falls er wirklich eingreifen müsste.

Durch das Aufstellen der Tiere kann Xenia ihre Wut von außen beobachten und merkt, dass sie diese Seite steuern kann: Den Löwen kann man dressieren. Xenia versteht, dass sie die Kontrolle über diese Seite übernehmen kann und der Wut nicht einfach ausgeliefert ist. Zudem kann man mithilfe dieser Bildsprache auf eine kindgerechte Art herausfinden, welche wichtige Funktion (welches Bedürfnis) die Wut eigentlich hat. Geht es darum, wirksam zu sein? Oder sucht die Wutseite nach Kontakt (Bedürfnis nach Bindung und Beziehung)? Oder ist es wie bei Xenia, dass sie meint, sie könne sich nur mithilfe von Wutausbrüchen wehren und durchsetzen?

Neben Tieren eigenen sich auch Fabelwesen und andere Figuren. Bei unserer Tochter war es beispielsweise der böse Zauberer bei den Schlümpfen, Gargamel, der die wütende Seite verkörperte. Bekannt ist auch das Bild vom Engelchen und Teufelchen auf der Schulter. Eine Seite sagt: „Tu es", die andere sagt: „Tu es nicht." Da das Teufelchen oft nur negativ wahrgenommen wird, ziehe ich neutrale Figuren vor. Die Wut ist ja auch nicht nur schlecht.

## Das Wutthermometer

Was ein Thermometer ist, wissen alle Kinder. Ein Angst-, Stress- oder Wutthermometer kann einem Kind helfen, darzustellen, wie intensiv es dieses Gefühl im Moment gerade empfindet. Bei null ist man völlig entspannt. Je höher die Zahl gegen 10 steigt, umso stärker ist die aktuelle Wut. Hilfreich ist, wenn man in einem gelassenen Moment zusammen eine Situation bzw. ein Beispiel findet, in der die Wut ganz klein (z. B. bei 1) oder sehr groß (z. B. bei 10) ist, und darüber spricht, was es ausmacht, dass die Wut ansteigt oder absinkt.

## Der Staudamm

Gerne erkläre ich Kindern die Funktionsweise eines Staudammes: Der Staudamm hat unten in der Mitte der Mauer einen Schieber eingebaut. Dieser wird dann geöffnet, wenn der Druck im Stausee ein gewisses Maß überschreitet. Könnte nicht ab und zu Wasser abgelassen werden, würde der Stausee irgendwann überlaufen und schließlich die ganze Mauer wegreißen. Die Menschen im Tal würden ertrinken.

Genau dasselbe passiert bei einem Wutanfall. Irgendwann ist der Druck durch Frust und Ärger so groß, dass es durch eine zusätzliche Enttäuschung zum großen Dammbruch kommt. Selbst eine kleine

Geste oder ein abweisender Blick kann dann zum Auslöser für einen Wutanfall werden.

## ESKALATION EINES STREITS

Luzia (11) habe ihre Schwester heftig geschubst und angeschrien, nur weil diese in ihr Zimmer gekommen sei. Die Schwester begann sofort lauthals zu weinen und klagte dem Vater, Luzia habe sie absichtlich gegen die Wand geschubst.

Der Vater von Luzia hatte überhaupt kein Verständnis für die „übermäßige Reaktion" seiner Tochter. Luzia habe die Schwester geschubst und hätte diese ernsthaft verletzen können. Zudem schreie sie wegen einer Kleinigkeit rum. Verärgert über die Reaktion seiner ältesten Tochter verbat er ihr, das Zimmer in der nächsten halben Stunde zu verlassen. Er nahm ihr das Buch weg, in dem sie gerade gelesen hatte. Stattdessen sollte sie der Schwester einen Entschuldigungsbrief schreiben.

Außenstehende verstehen meist nicht, wieso man sich wegen einer Kleinigkeit dermaßen aufregt, da der Auslöser des Anfalls in keinem Verhältnis zum heftigen Wutausbruch steht. Entweder führt dann eine harte Strafe der Eltern oder die eigene Scham dazu, den Staudamm noch höher und fester zu bauen. Das Problem ist aber, dass damit nur der nächste Gefühlsstau entsteht und der Kontrollverlust noch intensiver entgleisen kann.

Hätte der Vater im Moment des Vorfalls oder zu einem späteren Zeitpunkt Luzia bzw. ihre Version der Geschichte angehört, dann hätte er vernommen, dass die Schwester wiederholt ins Zimmer kam, Luzia beim Lesen störte und ihrem Stofftier die Haare ausriss. Luzia hatte wiederholt versucht, ihre Schwester freundlich zu bitten, ihr Zimmer zu verlassen, da sie im Moment gerne ihre Ruhe wollte.

Das Bild vom Staudamm macht deutlich, wie wichtig es ist, Frust und Ärger in Portionen rauszulassen: kontrolliert, gut dosiert und wenn möglich konstruktiv. Eltern können ihren Kindern helfen, den Ärger frühzeitig und in angemessener Form an der richtigen Stelle zu äußern.

**KONFLIKTE ZWISCHEN KINDERN**

Mit dem oberen Beispiel wird deutlich, dass Kinder bei Geschwisterkonflikten oder Streit mit Gleichaltrigen manchmal die Hilfe von Erwachsenen brauchen, damit sie sich durchsetzen können und ernst genommen werden.

Ich habe oft beobachtet, wie ein Kind durch Worte versuchte, andere Kinder davon zu überzeugen, dass es auch mal rutschen darf oder nicht mehr mit Schneebällen beworfen werden möchte. Hätte ich mich nach einer gewissen Zeit nicht eingemischt und ein Machtwort gesprochen, hätte das Kind keine andere Wahl gehabt, als sich körperlich zu wehren. Manchmal muss diese Art, sich zur Wehr zu setzen, sogar sein. Oft müssen Erwachsene aber auch helfen, Situationen zu klären, Kompromisse zu finden oder Gleichberechtigung herzustellen.

## Der Vulkanausbruch

Der Vulkan eignet sich ebenfalls als Metapher für die Wut: Ein Vulkan ist ein wunderschöner Berg, in dessen Nähe die Menschen gerne leben, da dort das Land sehr fruchtbar ist. Wenn ein Vulkan aktiv wird, wird es für Menschen gefährlich, denn tief im Innern brodelt ständig heißes Magma. Wenn dieses Magma nach oben steigt und aus dem Vulkan ausbricht, kann es zu heftigen Explosionen kommen. Asche wird herausgespuckt, und Lava zerstört alles in der Nähe.

Viele Kinder zeichnen sehr gerne einen Vulkan in verschiedenen Variationen auf. Oft empfinden sie es als lustvoll, wenn sie einen Vulkan zeichnen können, der gerade heftig ausbricht: Asche wird in die Luft gespuckt, Steine fliegen durch die Luft, rote Lava fließt den Berg hinunter, Feuer verbrennt die Bäume usw.

In Beratungsgesprächen erkläre ich dem Kind: Von außen ist dem ruhigen Vulkanberg oft nicht anzusehen, wie hoch der Magmaspiegel gerade steht und wie nahe der nächste Vulkanausbruch liegt. Forscher haben jedoch wertvolle Methoden entwickelt, um an feinen Anzeichen zu erkennen, ob in nächster Zeit ein Vulkanausbruch droht. Dem Kind wird altersentsprechend erklärt, wie ein Seismograf funktioniert und dass dieses hilfreiche Gerät bereits leichte Erschütterungen messen kann. Und dass Vulkanforscher den Vulkan sehr genau beobachten und durch verschiedene Techniken bemerken können, wann sich etwas an diesem Berg verändert (z. B. gefährliche Gase aufsteigen). Dadurch können die Forscher die Menschen, die am Fuße eines Vulkans leben, früh genug in Sicherheit bringen.

Weiter erkläre ich: So wie diese klugen Forscher verschiedene Techniken entwickelt haben, um Vulkane genau zu beobachten und kennenzulernen, damit sie die Menschen warnen können, so kannst du lernen, zu beobachten, wann der Druck in dir steigt und es besonders heiß in dir wird. Und bevor dein innerer Vulkan aus dir ausbricht und du wütend um dich wirfst oder ... (beschreiben, wie das Kind sich im Wutausbruch verhält), kannst du lernen, andere um dich herum zu warnen. Du kannst sogar noch weiter als diese Forscher gehen: Du kannst deinen inneren Vulkan abkühlen und einen heftigen Ausbruch verhindern.

# Geheimtipps von Eltern

In unserer Umfrage haben wir Eltern nach ihren Geheimtipps befragt, denn Eltern sind ja die besten Experten mit viel Erfahrung.

Viele haben betont, dass ihre Erfahrung zeigt, dass es nicht den einen Geheimtipp gibt, da jedes Kind und jede Familie unterschiedlich sind. Was für die eine Familie gilt, ist für eine andere weniger nützlich. Zu wissen, wie andere mit schwierigen Situationen umgehen, kann aber den Zugang zu neuen Lösungsansätzen eröffnen.

Eine Mutter beschrieb es besonders schön: „Den einen Geheimtipp habe ich nicht. Empathie ist wichtig. Da schwappen heftige Emotionen durch einen kleinen Menschen, mit denen er allein nicht fertig wird. Da bin ich als Mutter gefragt, auch wenn ich vielleicht gerade ebenfalls wütend bin. Ich bin aber die Erwachsene, die die Dinge sortieren kann. Im Zweifel muss man im Nebenzimmer mal kurz durchatmen und sich dann wieder liebevoll seinem Kind zuwenden."

Vielen Eltern ist es wichtig, authentisch zu bleiben und die eigenen Gefühle zu zeigen – „ohne dabei das Kind unfair anzugehen", betont eine Mutter. Dass dies nicht immer einfach ist, gestehen viele Eltern ein. Denn sie erleben, dass die eigenen Gefühle bei einem kindlichen Wutanfall ebenfalls hochgehen. Umso wichtiger empfinden sie es, wenn sie es trotzdem schaffen, ruhig zu bleiben und sich nicht provozieren zu lassen. Ein Vater sagte: „Ich habe gelernt, das Verhalten des Kindes nicht persönlich zu nehmen, das hilft mir sehr."

Eltern zählen verschiedene Techniken auf, die sie als hilfreich empfinden, um gelassen zu bleiben: tief Durchatmen, den Raum verlassen, leise bis zehn zählen, eine Kleinigkeit essen oder trinken, sich selber gut zusprechen usw. Viele drücken aber aus, dass „Geduld bewahren sehr viel einfacher gesagt ist als getan".

Auch dem Kind im Moment der intensiven Gefühlsausbrüche Ruhe und Distanz zuzugestehen, scheint Eltern ein wichtiger Tipp zu sein. Entscheidend ist jedoch, im richtigen Moment wieder in Verbindung zum Kind zu kommen. Eine Mutter sagt dann zu ihrem fünfjährigen Sohn: „Komm mal her, mein Schatz." Die Verbindung zum Kind wiederzufinden und Beziehung anzubieten ist für viele Eltern ein wichtiger Ansatz.

Im Moment der Wut können Worte kaum etwas erreichen, so die Erfahrung der Mütter und Väter: „Nicht auf das Kind einreden, das dringt dann sowieso nicht durch." Gespräche zu einem späteren Zeitpunkt, wenn es ruhiger wird, erleben alle als befriedigender. „Bei uns gibt es dieses Ritual am Abend, auf den Tag zurückzuschauen und über besonders schöne und besonders schwierige Moment zu sprechen. Jeder sagt das, was ihm am Wichtigsten ist. So kann man gut schwierige Momente besprechen, ohne dass es für die Kinder zu unangenehm wird."

„Jeder darf seine Gefühle haben, trotzdem bin ich der Chef, der im Zweifel sagt, wo es langgeht", so eine Mutter. Klar zu bleiben, trotz eines Wutanfalls nicht nachzugeben, das scheint vielen am wichtigsten zu sein: „Dem Kind klar sagen, ich verstehe dich, aber ich kann dir das trotzdem nicht geben/erlauben ...". Dennoch nicht stur an den eigenen Grenzen festhalten, sondern gleichzeitig Verständnis zu zeigen und Lösungen anzubieten hat sich für einige Eltern bewährt.

Vielen Eltern ist bewusst, dass ihre Verhaltensweisen viel dazu beitragen, ob und wie sie einen Wutanfall „abfedern" können: Das Kind nicht überrumpeln, sondern nächste Handlungen vorhersagen bzw. vorhersehbar zu reagieren, auch Wünsche des Kindes zu respektieren, mit ihm gemeinsam Lösungen zu finden oder es im richtigen Moment abzulenken, das erleben viele als wegweisend.

Techniken, die das eigene Kind beruhigen, erwähnen mehrere Eltern. Die Mutter eines Teenagers bietet ihrer Tochter in solchen Moment jeweils eine Tasse Tee an. Eine andere empfiehlt, zu singen: „Wenn man singt, beruhigt man sich automatisch selbst, und die eigene Aggression wird kleiner, da man nicht aggressiv singen kann. Außerdem kennen die Kinder singen von klein auf als Beruhigung." In eine ähnliche Richtung geht folgender Geheimtipp: „Auf Überraschungseffekte setzen, das Unerwartete tun. Statt gegenzureden oder ebenfalls zu schreien, könnte man schweigen, statt Rückzug körperliche Nähe anbieten." Manche empfehlen, das Kind dabei zu unterstützen, dass es seine Wut loswerden kann: „Wut rausschreien lassen oder Wut verpacken und wegschicken". „Wir haben der Wut den Namen ‚Bockispocki' gegeben. Diesen schießen wir zusammen auf den Mond oder spülen ihn das Klo hinunter."

# SCHLUSSWORT

*„Zwei Dinge sollen Kinder von ihren Eltern bekommen: Wurzeln und Flügel."*

J. W. von Goethe

Unabhängig davon, ob ein Wutanfall eine impulsive Reaktion, ein gelerntes Muster oder ein möglicher Lösungsversuch in einer schwierigen Situation ist: Entscheidend ist, dass das Kind bestimmte soziale und persönliche Kompetenzen entwickelt, um angemessenes Verhalten zu lernen. Dabei ist ausschlaggebend, welche Beziehung wir dem Kind in diesem Entwicklungsprozess anbieten und welche Möglichkeiten ein Kind hat, zur Geltung zu kommen und etwas bewirken zu können.

Eine gute gegenseitige Beziehung zwischen den Eltern und den Kindern ist das Wichtigste! Eine gute Eltern-Kind-Beziehung, die auf gegenseitigem Vertrauen, bedingungsloser Liebe und Akzeptanz aufbaut, ist die Grundlage für ein kooperatives Verhalten der Kinder und eine gesunde Entwicklung. Dem Kind wird Mitverantwortung anvertraut und umso mehr zugesprochen, je älter es ist. Durch die gleichwürdige Beziehung kann Kooperation gefördert werden. Das Kind spürt und erlebt, wie wichtig es den Eltern ist. Das spürt es auch dann, wenn Eltern dem Kind über klare Regeln Halt bieten, ihr wahres Interesse und Präsenz zeigen.

Eine gute Beziehung zum Kind entsteht nicht dadurch, dass Eltern ihr Kind einfach machen lassen, was es will. Klarheit und das Festhalten an eigenen persönlichen Grenzen („Das geht mir zu weit!") und das Gespräch über eigene und fremde Bedürfnisse geben dem Kind Halt und das Gefühl, dass sich die Eltern für es interessieren.

Eltern müssen lernen, die Bedürfnisse ihrer Kinder zu verstehen. Wenn wir nur auf das beobachtbare Verhalten unserer Kinder reagieren, ohne die Bedürfnisse und Gefühle zu verstehen, dann sehen wir uns gezwungen, dieses Verhalten zu konditionieren. Eltern versuchen dann über ein Erziehungsverhalten, welches auf einem Belohnungs- und Bestrafungssystem basiert, den Kindern das erwünschte Verhalten anzutrainieren. Beziehung und Vertrauen entsteht aber dadurch, dass die Bedürfnisse, die zu diesem Verhalten führen, verstanden werden.

Diesen Weg zu gehen ist nicht immer der einfachste. Offen gesagt, stellt sich dieser Weg zeitweise als recht anstrengend heraus. Aber es lohnt sich, das werden Sie erleben!

# DANKSAGUNG

*Erfahrene Eltern und Experten haben mit offenen Berichten und hilfreichen Tipps dazu beigetragen, dass dieses Elternbuch Sie bei der Erziehung und Begleitung Ihrer Kinder unterstützt.*

Wir danken zuallererst all den Eltern und Familien, die wir in unserer Praxis begleiten durften. Dank ihrer Offenheit und ihres Vertrauens konnten wir sehr viel lernen. Ein besonderer Dank geht an die Kinder, die uns mit ihren Ideen immer wieder zu Kreativität angeleitet haben. Menschen haben die Lösung für die Probleme in sich. Sie brauchen nur einen Raum, sodass diese Lösungen einen Weg an die Oberfläche finden.

Besonders nahe und daher mit einem besonderen Dank verbunden sind uns unsere eigenen Kinder. Es ist bewundernswert, wie viel Geduld und Interesse sie für unsere Projekte und Arbeit aufbringen. Dieses gegenseitige Interesse aneinander fühlt sich toll an. Vielen Dank!

Ein Dank gebührt auch all jenen Eltern, die so offen und differenziert unsere Onlinebefragung ausgefüllt haben und uns damit unterstützt haben, einen breiten Blick auf die Alltagserfahrungen im Umgang mit Wut zu bekommen.

Mit ihrem wertvollen Expertenwissen haben uns Dr. Mélanie Doutaz, Kinderärztin aus Aarau, und Anouk Holthuizen, Journalistin, unterstützt. Vielen Dank für die kritischen und differenzierten Rückmeldungen.

# ÜBER UNS

Im Leben begegnen uns viele Menschen, die oft unbewusst zu wichtigen Vorbildern für uns werden. Geprägt haben uns viele, allen voran Janusz Korczak, Kinderarzt und Pädagoge, der sein ganzes Leben in den Dienst von Kindern gestellt hat. So sind es eben seine Worte, die besonders schön ausdrücken, was wir immer wieder erleben:

*„Unter Kindern bist du selbst ein Kind, das du zunächst einmal erkennen, erziehen und ausbilden musst."* Janusz Korczak

**Sara Michalik-Imfeld** ist Fachpsychologin für Psychotherapie FSP, spezialisiert auf Kinder, Jugendliche und Familien. Sie doziert an diversen Instituten und Fachhochschulen und unterstützt als Fachrichterin im Nebenamt ein Familiengericht.

**Peter Michalik** ist diplomierter Familien-, Paar- und Eheberater und Beziehungscoach IKP. Er doziert und ist Seminarleiter am Institut für Körperzentrierte Psychotherapie (IKP) in Zürich.

Sara und Peter Michalik sind seit 2005 verheiratet und führen seit 2009 eine gemeinsame Praxis für Kinder, Jugendliche, Familien und Paare in Aarau. Sie teilen sich die Elternarbeit ihrer drei Kinder (10, 12 und 20 Jahre).

Auf ihren Blogs www.beziehungs-abc.de und www.eltern-raten-eltern-forum.de verbinden sie Fachwissen mit Alltagserfahrungen zu einfach verständlichen Texten. Wenn Sie ein Feedback geben oder eine Erfahrung mitteilen möchten, freuen sich die Autoren über eine E-Mail an info@beziehungs-abc.ch.

# ANHANG

## Inhaltsverzeichnis und Bücher zum Weiterlesen

Asen, E. (2013). So gelingt Familie. Hilfen für den alltäglichen Wahnsinn. Carl Auer.

Atkinson, B.J. (2016). Developing Habits for Relationship Success. The Couples Research Institute.

Bowlby, J. (2001). Frühe Bindung und kindliche Entwicklung. Ernst Reinhardt.

Dreikurs, R. & Soltz V. (2009). Kinder fordern uns heraus. Wie erziehen wir sie zeitgemäß? Klett-Cotta.

Gordon, T. (2012). Die Familienkonferenz: Die Lösung von Konflikten zwischen Eltern und Kind. Heyne.

Gordon, T. (2013). Die neue Familienkonferenz: Kinder erziehen, ohne zu strafen. Heyne.

Juul, J. (2008). Nein aus Liebe. Klare Eltern – starke Kinder. Kösel.

Kast, V. (2010). Vom Sinn des Ärgers: Anreiz zu Selbstbehauptung und Selbstentfaltung. Herder.

Kirchner, J. E. (2014). Kinder, Kinder ...! Nicht unsere Kinder sind verrückt, sondern die Welt, in der sie leben. Wissen & Leben.

Korczak, J. (2014, 16. Auflage). Wie man ein Kind lieben soll. Vandenkoeck & Ruprecht.

Largo, R. (2000). Kinderjahre. Die Individualität des Kindes als erzieherische Herausforderung. Pipier.

Michalik, S. & Michalik, P. (2016). Überraschung – 150 Eltern packen aus. Die größten Herausforderungen und die besten Strategien. BOD.

Nolting, H.-P. (2005). Lernfall Aggression: Wie sie entsteht – wie sie zu vermindern ist – Eine Einführung. Rororo.

Omer, H., von Schlippe, A. (2016). Autorität durch Beziehung. Die Praxis des gewaltlosen Widerstands in der Erziehung. Vandenhoeck & Ruprecht.

Petermann, F., Döpfner, M. Schmidt, M.H. (2001). Aggressiv-dissoziale Störung. Hogrefe.

Petermann, F. & Petermann, U. (2012). Training mit aggressiven Kindern. Beltz.

Petermann, F. & Petermann, U. (2013). Therapie-Tools Kinder- und Jugendlichenpsychotherapie. Beltz.

Rogers, C. (2005). Die klientenzentrierte Gesprächspsychotherapie. Fischer.

Rosenberg, M.B. (2016). Gewaltfreie Kommunikation. Junfermann.

Rosenberg, M.B. (2015). Kinder einfühlend ins Leben begleiten. Junfermann.

# Hilfreiche Kinderbücher und Materialien

Bright, R. (2016). Der Löwe in dir. Magellan GmbH.

Dudenko, J. (2015). Mein Wut-Kritzelbuch: Für weniger Wut im Bauch. Pattloch.

Janisch, H. & Olten, M. (2015). Wenn Lisa wütend ist. Beltz.

Geisler, D. (2014). Wohin mit meiner Wut? Emotionale Entwicklung für Kinder ab 5. Loewe.

Gómez Redondo, S. (2017). Wut. Alibri.

Manske, Ch. & Löffel H. (2012). Ein Dino zeigt Gefühle (1 und 2). Fühlen, Empfinden, Wahrnehmen. Donna Vita.

McKee, D. (2007). Du hast angefangen! – Nein du! Fischer.

Palmer, P. (2005). Die Maus, das Monster und ich. Mebes und Noack.

Schreiber-Wicke, E. (2014). Knut hat Wut. Thienemann.

Schwarz, B. (2012). Das kleine Wutmonster. Annette Betz.

Stimmungsflip von Pro Juventute: www.projuventute.ch

# Bis hierhin – und wie weiter?

- Die besten Tipps: So setzen Eltern liebevoll Grenzen

- Endlich weniger Erziehungsstress: Alltagstaugliches. Konfliktmanagement für das Familienleben

- Top-Autorin mit „Wahnsinnig-praktisch"-Garantie

- Empfohlen von der Akademie für Kindergarten, Kita und Hort

Ulla Nedebock

**Starke Kinder brauchen Regeln**

224 Seiten
14,5 x 21,5 cm, Broschur
ISBN 978-3-86910-636-6
€ 19,99 [D]/€ 20,60 [A]

Der Ratgeber ist auch als eBook erhältlich.

# „ICH WILL ABER NICHT!"

DORIS HEUECK-MAUSS

## Das Trotzkopfalter

Erziehungs-ABC mit Tipps und Strategien
Richtiger Umgang mit kindlichen Emotionen

für Eltern von 2- bis 6-jährigen Kindern

- Der humboldt Bestseller in 8. Auflage!

- Leicht verständlich: Typische Trotzreaktionen und kindliche Aggressionen werden aus Sicht der Eltern und der Kinder erklärt

- Ideenreiche Antworten auf Erziehungsfragen: Der Ratgeber hilft Eltern, die Gefühle und Verhaltensweisen ihrer Kinder zu verstehen und gelassener damit umzugehen

Doris Heueck-Mauß
**Das Trotzkopfalter**
176 Seiten
11,8 x 17,0 cm, Broschur
ISBN 978-3-86910-638-0
€ 9,99 [D]/€ 10,30 [A]

Der Ratgeber ist auch als eBook erhältlich.

**Bibliografische Information der Deutschen Nationalbibliothek**
Die Deutsche Nationalbibliothek verzeichnet diese Publikation in der Deutschen Nationalbibliografie; detaillierte bibliografische Daten sind im Internet über http://dnb.ddb.de abrufbar.

**ISBN 978-3-86910-643-4** (Print)
**ISBN 978-3-86910-655-7** (PDF)
**ISBN 978-3-86910-656-4** (EPUB)

Die Autoren: Sara Michalik-Imfeld und Peter Michalik beraten in ihrer gemeinsamen Praxis Kinder, Jugendliche, Familien und Paare. Sara Michalik-Imfeld ist Fachpsychologin für Psychotherapie, Fachrichterin im Nebenamt an einem Familiengericht und Dozentin an diversen Instituten. Peter Michalik ist diplomierter Familien-, Paar- und Eheberater und Beziehungscoach sowie Seminarleiter am Institut für Körperzentrierte Psychotherapie (IKP). Gemeinsam haben sie drei Kinder. Auf ihren Blogs beziehungs-abc.de und eltern-raten-elternforum.de verbinden sie Fachwissen mit Alltagserfahrungen.

Originalausgabe

© 2019 humboldt
Eine Marke der Schlüterschen Verlagsgesellschaft mbH & Co. KG,
Hans-Böckler-Allee 7, 30173 Hannover
www.schluetersche.de
www.humboldt.de

**Lektorat**: Dateiwerk GmbH, Nathalie Röseler, Pliening
**Covergestaltung**: ZERO Werbeagentur GmbH, München
**Coverfoto**: Shutterstock – il21, ZERO
**Satz**: PER MEDIEN & MARKETING GmbH, Braunschweig
**Druck und Bindung**: gutenberg beuys feindruckerei GmbH, Langenhagen